DESCARTES ET SON ŒUVRE AUJOURD'HUI

Annie Bitbol-Hespériès • Jacques Bouveresse
Jean Frézal • Enrico Giusti • Olivier Houdé
Geneviève Rodis-Lewis

Descartes et son œuvre aujourd'hui

MARDAGA

© 1998, Pierre Mardaga, éditeur
Hayen 11 - B-4140 Sprimont
D. 1998-0024-5

Préface

Bernard Bru et Michel Schreiber
Professeurs à l'université René Descartes, Paris

Il allait de soi que l'Université René Descartes se devait de commémorer Descartes en 1996, d'autant que le quatre centième anniversaire de la naissance de son illustre éponyme coïncidait avec la vingt-cinquième année de l'université, ainsi que nous le rappelle en introduction, non sans humour, Jean Frézal, fondateur et premier président de l'université René Descartes.

L'UFR de mathématiques et informatique prit l'initiative de proposer au Président Pierre Villard puis, forte de son soutien, aux autres composantes, qu'une journée soit consacrée à débattre, dans les locaux de l'université, de l'actualité de l'œuvre de René Descartes. Elle en assura l'organisation matérielle avec l'aide efficace des services de l'université et le concours infiniment précieux de la Bibliothèque Interuniversitaire de Médecine et du Musée d'Histoire de la Médecine.

Nos collègues des sciences humaines se joignirent à nous pour décider d'un programme qui, lui, n'allait pas de soi. On ne compte plus en effet le nombre de journées cartésiennes commémorant le quatre centième anniversaire de la naissance de ce «Héros de l'Humanité». Quels thèmes aborder? Que pouvions-nous dire et entendre qui n'avait déjà été mille fois dit et entendu à Paris, en France ou dans le monde ?

Le plus facile était de nous en tenir aux spécificités de notre université, les sciences humaines et biologiques, « la médecine et la morale ». Il fallait évidemment présenter Descartes et nécessairement parler de la géométrie, sève qui irrigue l'arbre de la philosophie cartésienne. On pouvait enfin associer Descartes à l'université de Paris[1].

L'essentiel est ailleurs ; comme les programmes politiques, les programmes des colloques les mieux construits et les plus rigoureux ne correspondent que rarement aux réalités vivantes qu'ils sont censés organiser et qui se développent suivant leur logique propre, et encore moins aux textes de synthèse qu'on publie après coup. Sans doute, le choix des conférenciers chargés de mettre en œuvre le programme est-il plus déterminant que le projet théorique dont ils seraient les mandataires. Mais ce choix lui-même est soumis à tant de contraintes et de contingences qu'il ne peut-être considéré comme étant véritablement pensé et réfléchi dans toutes ses conséquences prévisibles et imprévisibles. De sorte qu'il faut bien reconnaître que les réussites ou les échecs d'un colloque ne sont imputables, en toute honnêteté, qu'à l'air du temps et aux hasards de l'histoire, ce qui peut paraître comme sacrilège s'il se trouve que le colloque est consacré à Descartes. Or précisément et sans que cela ait été le moins du monde prémédité, le Descartes qui ressort du colloque de l'université René Descartes est assez peu cartésien, il est « incertain » et libre, merveilleusement libre.

Dès la première conférence, Geneviève Rodis-Lewis, qu'il est inutile de présenter tant elle s'identifie aux études cartésiennes, nous propose un Descartes « à la recherche de la vérité », qui progresse sur le chemin escarpé de la vérité, non pas en distinguant à coup sûr la bonne et unique direction grâce à sa « Méthode », mais plutôt par révélations successives de ce qu'il doit faire, rêves éveillés ou endormis, hasards des rencontres et des coïncidences. Et lorsqu'il s'agira pour lui de fonder en droit ses certitudes, il ne se décidera pour la métaphysique que parce que, décidément, les certitudes géométriques, le « deux et deux font quatre » de Nassau et du Dom Juan de Molière, sont par trop arbitraires et n'ont qu'une vérité de convention. Descartes est libre enfin, lui pour qui « le bon usage du libre arbitre nous rend en quelque façon pareils à Dieu »; de surcroît, il nous donne joie de vivre et santé morale et physique en nous délivrant de la peur de mourir.

Le ton est donné, et les intervenants suivants l'ont adopté, sans s'être concertés. Annie Bitbol-Hespériès, qui est l'auteur d'une belle thèse sur « le principe de vie chez Descartes » et a édité le Traité de l'Homme, au Seuil en 1996, nous montre un Descartes ne conservant d'Harvey que les preuves expérimentales de la circulation du sang et rejetant son aristotélisme appliqué. A quoi bon s'en remettre aux facultés et aux esprits galéniques ? La médecine cartésienne rompt avec ces chimères grandioses, se laïcise et cherche à démonter la machine humaine quand bien même elle s'égarerait parfois sur la marque et le modèle.

La géométrie cartésienne est magnifiquement décrite par Enrico Giusti, mathématicien et historien des mathématiques, professeur à l'université de Florence, qui nous représente Descartes refusant de parcourir une fois encore les routes rectilignes et circulaires de la géométrie grecque, soigneusement entretenues par des générations de cantonniers habiles, pour tracer une voie nouvelle où il poserait et résoudrait les problèmes en la forme qu'il déciderait : une courbe est une équation algébrique et la géométrie des courbes est aussi une algèbre d'équations. La « mécanique » y trouvera son compte mais devra bientôt élargir la géométrie cartésienne aux équations non algébriques. Révolution ou rupture, comme on le voudra, et en même temps limitation ou « erreur » de sorte qu'il faudra que la vérité s'écarte de Descartes comme Descartes s'en était écarté. Car tout est ainsi fait chez Descartes qu'il ouvre des brèches dans les vérités passées selon son bon plaisir; ce faisant, il permet à la vérité, qui pourtant s'en était longtemps nourrie, de se dépasser elle-même et dans le même temps, par certains abus de ce même libre-arbitre (qui le rend pareil à Dieu en quelque façon!), il ferme et limite ce que si audacieusement il avait ouvert et qu'il faudra que d'autres transgressent à leur tour.

Les deux derniers textes reproduits ici s'attaquent au même problème : le dualisme cartésien est-il compatible avec ce que l'on savait au temps de Descartes et ce que nous savons maintenant des animaux et des hommes ? Descartes donne-t-il trop d'âme à l'homme et pas assez à l'animal ? Un psychologue, professeur à l'Université René

Descartes, et un philosophe, professeur au Collège de France, en traitent savamment.

Olivier Houdé nous explique pourquoi les sciences cognitives qui « machinisent » nos processus de pensée et les rendent si dépendants de nos passions et de nos corps, font à l'heure actuelle le procès de Descartes qui voulait que la pensée soit le domaine réservé de l'âme rationnelle. A l'inverse de Descartes, les neurosciences nous font découvrir « cette sorte de chose physique étrange » qu'on appelle la pensée et que les nouvelles techniques d'imagerie cérébrale fonctionnelle permettent de visualiser et, corrélativement, de matérialiser. Que resterait-il alors du dualisme cartésien ? Rien selon certains qui en arrivent à dénier à l'esprit humain ne serait-ce qu'une « présomption de rationalité », beaucoup si l'on observe avec Olivier Houdé que les cognitivistes semblent se penser et se complaire à l'intérieur de la problématique cartésienne, même s'ils s'emploient à en saper les bases de toute leur rationalité résiduelle.

Jacques Bouveresse explique ce que la théorie des « animaux-machines » a pu avoir de profondément révolutionnaire ; mécaniser les processus corporels en général, par exemple les processus de perception, voilà qui était encore l'objet de doutes prudents et de sourires entendus il y a cinquante ans, avant que l'apparition des logiciels de reconnaissance des formes et d'imagerie automatique n'en banalise l'idée et la transforme en matière d'enseignement universitaire. Dans le même temps, la théorie cartésienne de l'âme rationnelle qui fait l'homme en quelque manière pareil à Dieu ne fait plus partie d'aucune science identifiable et peut même apparaître comme une « erreur scientifique ». Jacques Bouveresse montre que Descartes est plus ambigu et plus rusé qu'il y paraît, que certaines fois il imagine un animal « peut-être » capable de pensée et, s'il réserve à l'homme l'exclusivité de l'âme rationnelle, c'est qu'il accepte de payer à ce prix l'affirmation de sa métaphysique, garante de la vérité éternelle de toutes ses pensées dès lors qu'il les conçoit clairement et distinctement. Son dualisme ne relève pas de ses conceptions scientifiques générales et ne doit donc pas être lu ni compris à ce niveau.

Si erreur il y a, n'était-ce pas aussi le prix à payer à la vérité pour qu'il soit permis à Descartes, une fois encore, de défier les vérités si fortement établies par deux mille ans d'histoire humaine, de sorte que celle-là, enfin libérée, puisse, grâce à lui, poursuivre son chemin ? Et puis, l'âme cartésienne n'est-ce pas au fond le plus beau rêve qu'un homme puisse proposer à l'homme ?

Tous les textes réunis dans ce volume, simplement écrits, ne supposent pas de connaissances particulières et prennent le lecteur par la main dans les passages les plus périlleux. Leur ensemble fournit un éclairage particulièrement contrasté et original de l'œuvre de Descartes et de son actualité. Nous sommes heureux de pouvoir le mettre à la disposition du plus grand nombre en espérant qu'il leur apportera, à défaut d'un supplément d'âme, un peu de santé physique et de morale cartésienne, puisqu'aussi bien le système entier de Descartes avait été conçu pour aboutir à une vaste réforme de la médecine et de la morale, comme nous le rappelle Jacques Bouveresse; et, après tout, doter les médecins et les moralistes d'une âme rationnelle était peut-être un moyen d'y parvenir.

NOTE

[1] La conférence de Bernard Valade, professeur à l'Université René Descartes, qui traitait de Descartes et l'Université de Paris, n'a pu être reproduite dans cet ouvrage; elle fera probablement l'objet d'une publication séparée.

Introduction

Jean Frézal
Président fondateur de l'université René Descartes

Il aurait été incongru que notre Université ne s'associât pas aux célébrations qui marquent le quatre centième anniversaire de celui dont elle porte le nom et qui est considéré, à juste titre, comme l'un des pères du rationalisme moderne. Il m'est donc agréable de remercier les organisateurs du colloque «Descartes et son œuvre» ainsi que le président Pierre Villard qui a bien voulu nous accueillir dans ses prestigieux locaux.

Ma pensée va aussi, en ce moment, vers notre regretté collègue Jean Stoetzel, car c'est à lui que revient la gloire d'avoir proposé cet illustre patronage pour notre université naissante. Nous lui en gardons une grande reconnaissance car ce choix témoignait d'une haute ambition pour un établissement qui se voulait, par excellence, l'université des sciences de la vie et des sciences de l'homme. Il était aussi bien une profession de foi pour une université pluridisciplinaire, ce qui n'était pas le cas de la plupart de ses sœurs parisiennes, une profession fondée sur la célèbre métaphore que j'entends encore notre collègue déclamer de sa voix forte et comme empreinte d'une certaine véhémence...

«Ainsi toute la philosophie est comme un arbre, dont les racines sont la métaphysique, le tronc est la physique, et les branches qui sortent de ce tronc sont toutes les autres sciences, qui se réduisent à trois principales, à savoir la médecine, la mécanique et la morale...»

Le sceau de notre université, inspiré de la colonne palmier de l'église des Jacobins de Toulouse, en donne une représentation symbolique. Les nervures jaillissent de la colonne comme les branches de la science s'épanouissent de l'arbre de la connaissance. Les lierres qui les unissent témoignent de la solidarité entre les disciplines. J'avais souhaité assortir ce sceau d'une épigraphe. Il s'agissait d'un vers admirable, emprunté à «l'ébauche d'un serpent» de Paul Valéry et sur lequel notre regretté et trés érudit collègue Alain Girard avait appelé mon attention.

« Grand Etre, agité de savoir »

Mais Jean Stoetzel me fit observer qu'il ne se sentait nullement agité et nous en restâmes là. Avouerais-je qu'il m'arrive de le regretter.

Mon remerciement va enfin aux prestigieux collègues qui ont bien voulu accepter de nous présenter, de leurs différents points de vue, l'œuvre du philosophe et du savant que nous honorons aujourd'hui. Ils voudront bien me permettre d'user du privilège qui est momentanément le mien pour leur soumettre quelques réflexions qu'une révision, un peu hâtive je le confesse, de lectures anciennes, inspire au médecin et au généticien que je suis.

On ne saurait méconnaître l'influence profonde que la conception cartésienne de l'animal-machine et l'explication mécaniste qu'elle donne des phénomènes physiologiques ont exercé sur l'évolution de la pensée en médecine et en biologie, en dépit des erreurs que Descartes a pu commettre (par exemple dans son interprétation de la circulation du sang) et des oppositions ou même des sarcasmes que ses théories ont soulevés.

Ce qui n'est peut-être pas indifférent dans la querelle qui l'a opposé à Harvey sur la circulation, c'est la méconnaissance apparente par Descartes, d'une réalité biologique, parfaitement perceptible, à savoir que le cœur bat à partir du 22e jour de la gestation. Serait-il excessif d'en inférer que Descartes fondait davantage ses conceptions scientifiques sur la puissance du raisonnement et de ses déductions que sur la dimension expérimentale? De ce point de vue, je ne manque pas d'être frappé par le caractère théorique de son œuvre qui est bien davantage un discours sur les principes qu'une élaboration effective de la science.

Il n'est pas impossible de percevoir comme un parfum prédarwinien dans certaines réflexions de Descartes sur la disparition des organismes malformés, tandis que les autres, je cite d'après l'excellent ouvrage de Madame Rodis-Lewis[1], «subsistent avec leurs espèces en apparence immuable». Cependant si cette réflexion sous entend bien l'idée de sélection, elle rejette, avec l'immutabilité, toute notion d'évolution, ce dont on ne saurait évidemment faire grief à Descartes !

Je n'ai pas l'impression que Descartes ait porté aux accidents ou erreurs de la nature la même attention qu'un Ambroise Paré dont il devait connaître les travaux sur la classification et l'explication des monstruosités ou encore qu'un Montaigne qui décrivit un monstre double et qui s'interrogeait, dans le livre II des Essais, sur cette «goutte de semence de quoi nous sommes produits, ... qui porte en soi ces ressemblances d'un progrès si téméraire et si déréglé que l'arrière-fils répondra à son bisaïeul, le neveu à son oncle».

Descartes ne me paraît pas avoir posé un regard très attentif sur la diversité des espèces et particulièrement de la nôtre. La permanence des schémas corporels ou des structures d'une espèce à l'autre, pour ne pas dire de façon anachronique, au cours de l'évolution, ne semblent guère avoir suscité sa réflexion, ce dont on ne saurait s'étonner, dans la mesure où le philosophe rapportait cette diversité et cette permanence à la volonté divine. C'est peut-être pour la même raison que l'on ne trouve pas dans l'œuvre immense de Descartes, la trace d'une réflexion profonde sur la vie et son origine, mise à part une brève évocation du rôle du mouvement et de l'agitation «provoquée par le mélange des semences sur quelques-unes de leurs particules qui, de ce fait, se dilatent et pressent les autres et, par ce moyen, les disposent en la façon qui est requise pour former les membres».

L'opposition dialectique entre la permanence et le changement est au cœur des problèmes que se pose la biologie moderne. Nous y voyons le résultat de la programmation génétique et des erreurs qui peuvent la perturber. Il me semble toutefois qu'en ce domaine,

Descartes a fait preuve d'une remarquable clairvoyance lorsqu'il a écrit, je cite d'après Madame Rodis-Lewis[1] : «Si on connaissait bien toutes les parties de la semence de quelque animal en particulier, par exemple de l'homme, on pourrait déduire de cela seul, par des raisons entièrement mathématiques, toute la figure et conformation de chacun de ses membres».

Il n'y a peut-être pas une si grande distance des particules de Descartes à nos gènes ou plutôt à nos cellules. Quoi qu'il en soit, on pourrait discerner dans cette remarque, une anticipation de la théorie dite de l'information de position, esquissée à la fin du siècle dernier par l'embryologiste allemand Hans Driesch, théorie reprise et développée depuis une trentaine d'années par l'embryologiste anglais Lewis Wolpert. Cette théorie tend, en effet, à expliquer la formation des patrons par la réponse que les cellules apportent à l'information génétique qu'elles reçoivent en fonction de leur position dans l'espace selon les trois axes de polarité.

Au demeurant, l'intérêt de la phrase que nous avons citée, ne se limite pas à cet aspect, sans doute anecdotique. Il tient essentiellement à ce qu'elle apparait comme une prise de position en faveur du déterminisme, annonçant, en quelque sorte, celle de Laplace, sensiblement deux siècles avant ce dernier. Jusqu'où allait le «déterminisme» de Descartes, si l'on peut utiliser ce terme, aussi anachronique que celui d'évolution, à son égard?

Etait-il conscient de la limite que l'instabilité ou l'irrégularité de certains systèmes parait fixer au déterminisme et des conséquences que comporte l'introduction de l'aléatoire, et donc de l'imprévisible, dans le déroulement de phénomènes biologiques ou sociaux? Ces phénomènes ou ces théories ne sauraient pourtant être ignorés de ceux qui attendent par exemple de la génétique, une gestion rationnelle de la santé, voire de la vie individuelle et collective. Et l'on aimerait entendre quelle leçon la philosophie de Descartes nous permet de tirer pour résoudre ces problèmes qui ne sont pas sans concerner la liberté des personnes.

En définitive, on dirait volontiers que l'importance d'un philosophe ou d'un savant se mesure, plus encore qu'à l'aune de ses découvertes, au mouvement qu'il a suscité dans le progrès des connaissances et l'acquisition de nouveaux concepts. Dans cette perspective, j'en viens à me demander si c'est bien le quatre centième anniversaire de Descartes et les vingt cinq ans de l'Université que nous célèbrons, et non pas l'inverse, tant l'actualité du philosophe paraît éclatante et l'institution bien établie.

NOTE

[1] G. Rodis-Lewis, *Descartes, textes et débats*, 1 volume, éditions de poche, Paris 1984.

Chapitre 1
Descartes à la recherche de la vérité

Geneviève Rodis-Lewis
Professeur honoraire à l'université Paris-Sorbonne

Descartes apparaît souvent comme le rationaliste systématique visant à distinguer le vrai du faux grâce à une méthode à modèle mathématique. Cependant, en ses années parisiennes (vers 1621 à octobre 1628, interrompues par le voyage en Italie de l'automne 1623 à fin avril 1625), il avait parlé à son ami Guez de Balzac d'écrire *l'histoire* de son esprit, ce qui suppose une certaine évolution. La première partie du *Discours de la méthode* en donne un aperçu schématique. Seul le début de la deuxième partie évoque quelques détails concrets : l'hiver passé en Allemagne après le couronnement de l'Empereur — mais sans rappeler cette nuit mémorable où des songes firent comprendre à Descartes qu'il faut sans cesse avancer sur le chemin de la vérité (expression qu'il emploie en sa dernière lettre à Elisabeth, quatre mois avant sa mort). Tout en rectifiant quelques erreurs de son principal biographe Adrien Baillet (souvent mal corrigé par d'éminents spécialistes du philosophe), nous nous demanderons comment Descartes a d'abord cru avoir la vocation militaire, puis, après la révélation par Beeckman de la physico-mathématique, pourquoi le savant a éprouvé la nécessité d'une métaphysique. Baillet reste irremplaçable par les documents (depuis disparus) qu'il nous a transmis, comme le récit des songes de novembre 1619 que Leibniz n'avait pas fait recopier. Mais il a été abusé par les petits-neveux du philosophe quant à la noblesse de la famille (il y rattache un certain Pierre Descartes qui s'était illustré au siège de Poitiers) et croit que cadet de grande famille, René Descartes était voué à l'armée : il ignorait les études de droit à Poitiers en 1615-1616 ; et, datant sa scolarité à La Flèche de Pâques 1604 à 1612, pour occuper les cinq années avant son départ pour l'armée, Baillet inventait un séjour parisien où il aurait déjà travaillé avec Mersenne (qui en fait avait quitté La Flèche quand Descartes était encore dans les petites classes, et n'était plus à Paris lorsque celui-ci est sorti du collège...). Il est à présent bien établi qu'à cause de sa santé fragile, on avait retardé son envoi à La Flèche (vivant, après la mort de sa mère et le remariage de son père, la plupart du temps chez sa grand-mère maternelle, où il était né, il avait dû apprendre à lire, écrire avec un précepteur, ainsi que sa sœur Jeanne, alors que l'aîné Pierre était rentré au collège dès son ouverture au début de 1604). Baillet savait que pour René on avait attendu « la fin de l'hiver et du carême » et qu'il avait un régime privilégié lui permettant de rester au lit tous les matins. Mais il ignorait que le Père Charlet, parent de famille maternelle, qui l'avait fait bénéficier d'une chambre particulière (comme quelques nobles qui cependant retrouvaient l'ensemble des élèves sortis du dortoir à 5 heures du matin) n'était arrivé à La Flèche qu'en octobre 1606 (vérifié dans les archives des Jésuites). Entré à Pâques 1607, René est donc sorti en 1615 ; et en novembre 1616, il passe successivement à Poitiers baccalauréat et licence en droit après une seule année (comme l'avait fait Pierre en 1613 après avoir quitté La Flèche en 1612) : pourquoi rapprocher les deux examens s'il y avait eu deux années successives pour leur préparation ? D'autres arguments confirment ces dates dont dépend le nom du professeur qui enseignait la philosophie aux mêmes élèves pendant les trois dernières années : ce serait Fournet d'octobre 1611 à 1614, Etienne Noël en 1612-1615. Or Descartes avait envoyé trois exemplaires du *Discours* à Plemp, alors à Louvain : il écrit à l'auteur qu'il a transmis le troisième, le jour où il l'a reçu, au Père Fournet ; celui-ci enseignait dans le Nord de la France, sans être le supérieur d'autres Jésuites ; il est donc bien distinct de l'ancien professeur, qui a reçu l'ouvrage dès sa parution, avec une lettre personnelle. Quant au professeur qui eu le plus d'importance, enseignant les mathématiques pendant l'avant-dernière année, il se trouve que Jean François était à La Flèche dès 1612. Il n'est cependant pas indifférent que l'adolescent ait eu un an de plus quand il feuilletait un ouvrage en s'exerçant, après avoir lu l'énoncé d'un problème, à en trouver lui-même la solution; ou — alors qu'il était attiré par tout ce qui excitait l'admiration — il apprenait à dénoncer l'imposture des sciences curieuses, que critiquaient plusieurs ouvrages de ce professeur. Nous supposons aussi qu'à cause de ses dons exceptionnels, il fut invité à suivre des cours supérieurs que François donnait aux novices, qui (tout en étudiant la théologie en vue de leur ordination) se préparaient à enseigner les mathématiques que saint Ignace venait de mettre au programme des collèges. Descartes dit qu'il n'était pas estimé inférieur à ses «condisciples» dont certains se destinaient «à remplir les places de nos maîtres» : quand il travaille, avec Beeckman, à résoudre de difficiles problèmes mathématiques, sa culture présuppose notamment la lecture de Clavius. Comment expliquer alors qu'au sortir du collège, Descartes ait abandonné les mathématiques avec les autres études (les «lettres» désignant tout ce qui est dans les livres)?

Il faut ici souligner chez le jeune homme un trait de caractère méconnu, parce qu'on privilégie l'éloge, dans la sixième partie du *Discours de la méthode*, de la découverte, par la science, de «connaissances fort utiles à la vie», par la maîtrise des éléments et «la conservation de la santé». René a d'abord réagi contre l'ambition paternelle, qui lui avait imposé (comme à ses autres fils) l'année de droit à Poitiers, afin de permettre à la famille, après trois générations successives de charges parlementaires, d'obtenir le premier quartier de noblesse : la chevalerie fut acquise aux Descartes en 1668... La première partie du *Discours de la méthode*, rappelant les promesses faites au jeune homme, dit que «la jurisprudence, la médecine et les autres sciences rapportent des honneurs et des richesses à ceux qui les cultivent». Grâce aux «richesses» acquises par les médecins (arrière-grand-père maternel et grand-père paternel), son père avait dû payer fort cher la charge de conseiller au Parlement de Rennes. Mais Descartes (qui plaisante dans la dédicace de ses thèses de droit à son parrain sur son attrait sur la vive Artemis plus que pour la sage Themis) ne s'est pas davantage intéressé à la médecine avant la fin de 1629 (quand il vise à expliquer tous les phénomènes de la nature), contrairement aux suppositions d'Adam qui, en avançant d'un an les dates de la scolarité, le faisait rester deux ans à Poitiers, pour commencer, peut-être, quelques études de médecine. Et quand plus loin

Descartes oppose sa réaction personnelle à « l'honneur » et au « gain qu'elles promettent », il se réjouit (grâce au revenu de propriétés familiales) de n'avoir pas été obligé « à faire un métier de la science pour le soulagement de *sa* fortune; et il ajoute qu'il ne méprisait pas « la gloire en cynique » : c'est la seule allusion à ce qui a pu le faire s'engager, à la fin de 1617 (quand son âge lui permettait d'échapper à la « sujétion » familiale), comme « volontaire » (sans solde) à Bréda dans l'armée de Maurice de Nassau, un des plus grands chefs militaires de l'époque, allié de la France contre l'Espagne. Dans le Ballet pour la Naissance de la Paix, les « Volontaires » louent la Dame de leur chef : « la Victoire », et se contentent de sa « Demoiselle suivante »... Car cette suivante est la « Gloire ». Mais depuis 1609, il y avait une trêve de douze ans; et dans sa première lettre à Beeckman (janvier 1619), Descartes pense que celui-ci doit regarder « du haut du ciel des sciences » les disciplines techniques qu'il étudiait (architecture militaire, perspective), comme il avait dédaigné au collège l'application des mathématiques aux « arts mécaniques » (François avait consacré plusieurs ouvrages à l'arpentage, l'hydraulique, etc.), ce qui les lui avait fait abandonner, malgré « la certitude et l'évidence de leurs raisons », tant qu'il ignorait « leur vrai usage ». Celui-ci va lui être révélé par Isaac Beeckman, qu'il rencontre le 10 novembre 1618 (ce qu'on peut préciser grâce au *Journal* de Beeckman, à qui, après leur rupture, Descartes reprochera sa manie de tout dater).

Descartes commençait à apprendre le flamand, mais se fit traduire en latin un paradoxe mathématique affiché, qui retenait aussi l'attention de ce passant, en séjour à Bréda chez un oncle pour quelques semaines, pendant lesquelles ils travaillèrent ensemble. Et lors de son départ, fin 1618, Descartes lui offrit son premier ouvrage, la seule application gratuite des mathématiques à un *art* : l'Abrégé de musique... Beeckman (sans son *Journal*) nous apprend que ce Poitevin qui connaît beaucoup de Jésuites savants n'avait rencontré personne qui joignît soigneusement la physique avec la mathématique — ce que Beeckman appelle « la physico-mathématique ». Rappelons que la physique faisait partie de la philosophie scolastique (elle était étudiée en deuxième année *avant* la métaphysique, « méta » signifiant « après », ordre que renversera Descartes); elle projettait sur les corps les qualités sensibles, à partir de « formes », « espèces » et autres notions confuses. Enfin, sur les fondements si fermes des mathématiques, on allait pouvoir bâtir quelque chose de «plus relevé», l'explication de toute la nature à partir de modifications de figures par des mouvements, dont les sensations ne sont que des effets subjectifs. Quand Beeckman a quitté Bréda, avant de partir lui-même fin avril pour l'Allemagne (attiré par les bruits de la guerre imminente qui devait durer trente ans), Descartes lui écrivit une série de lettres chaleureuses, où il exprimait sa reconnaissance : «Tu es vraiment le seul qui ait secoué mon oisiveté, rappelé un savoir presque oublié de ma mémoire...» (23 avril 1619). Et quand vers 1621 il rentre à Paris (sans qu'on sache s'il a jamais participé ou seulement assisté à des batailles), il va se lier avec les savants Mersenne, Mydorge, travailler à l'optique, et à la fois viser une unification des mathématiques dans l'union du continu et du discontinu (ce qu'il annonçait dans la lettre du 26 mars 1619 comme dépassant les forces d'un seul); et quand il retrouvera Beeckman aux Pays-Bas en octobre 1628, il lui fera part de ses découvertes, dont la loi de la réfraction et une algèbre qu'il dit parfaite. Malheureusement, au lieu d'apprécier les progrès faits par Descartes à partir de son impulsion initiale, Beeckman le traite toujours en jeune élève et s'attribue tout le mérite; puis lors d'une visite de Mersenne en 1630, il se présentera comme l'inspirateur et même presque l'auteur de cet *Abrégé de musique* que Descartes lui avait offert en disant : tout ce qui est à moi est à toi... La rupture (suivie d'une réconciliation superficielle, avec au moins une double rencontre en 1634 quand Beeckman prêta pour quelques jours à Descartes le livre de Galilée) ne justifie pas l'absence, en cette première partie du *Discours*, de cette découverte de la physico-mathématique, ni la sécheresse avec laquelle Descartes fit part à un ami commun en mai 1637 de la mort de celui qui disparut juste avant de pouvoir constater son absence (le *Discours* a été publié en juin...).

Un autre épisode serait-il évoqué à la fin de la première partie, quand Descartes dit avoir «un jour» résolu «d'employer toutes les forces de mon esprit à choisir les chemins que je devrais suivre»? «Quel chemin suivrai-je en la vie?», la question est posée dans le troisième songe dans la nuit du 10 au 11 novembre 1619, à Neuburg sur le Danube, où Descartes — sans mentionner les songes — insiste (au début de la deuxième partie) sur la solitude de cet hiver en «Allemagne» : il travaillait en paix «seul dans un poêle» : ce terme désignait alors la pièce chauffée par un grand poêle de faïence, mitoyen avec la cuisine où l'on entretenait le feu, ce qui préservait l'hôte de toute fumée ou étincelles. L'insistance de la page suivante sur la perfection des ouvrages réalisés par «un seul» (six fois répété en deux pages) répond à la crainte exprimée au printemps que l'unification de la mathématique (algèbre et géométrie) dépasse les forces d'un seul. A présent, il en aperçoit la solution (qu'il ne cessera de perfectionner jusqu'à la *Géométrie* de 1637, même après avoir dit en 1628 à Beeckman qu'il avait déjà une algèbre parfaite). Au soir du 10 novembre 1619, il est plein d'enthousiasme parce qu'il pense à lui seul dominer le problème; et la nuit suivante est marquée par trois songes qu'il a notés dans son registre sous le titre *Olympica*.

Notre interprétation de l'ensemble est en partie suggérée par ce qui nous paraît une allusion dans sa lettre à Chanut du 1er février 1647 (cela supposerait que Descartes aurait déjà parlé de cet épisode à un ami très intime). A propos de l'amour de Dieu (l'amour est le thème de cette longue lettre), Descartes condamne «l'extravagance de souhaiter d'être dieux» (écrit au pluriel, comme dans la tentation de la *Genèse*). Puis il insiste sur la dépendance de toutes les choses créées, soumises à la toute-puissance divine, sans pour autant «les enfermer en une boule, comme le font ceux qui veulent que le monde soit fini». Dans le premier songe, Descartes, croyant aller «*vers* l'église» pour y prier, prend soudain conscience qu'il se dresse *contre* l'église, et s'éveille avec une vive douleur au côté gauche (celui du malin), puis se repent d'un grave péché : un détail énigmatique a suscité des interprétations sexuelles que rien d'autre ne corrobore; un inconnu l'invite à aller chercher un don; Descartes «s'imagina que c'était un melon» : ne serait-ce pas là une représentation de cette «boule» du monde (que le jeune homme était encore loin de supposer infini, comme il le fera plus tard) : on la met souvent dans la main de Dieu, et dans celle de l'empereur lors du couronnement qu'il venait de voir; les Allemands l'appellent «Reichsapfel», la pomme de l'Empire, pomme étant aussi le nom du fruit défendu. Et dans une des grandes peintures de Rubens au Louvre, consacrées à Marie de Médicis et Henri IV, le Roi, avant de partir pour la guerre, remet à la reine ce symbole du pouvoir, un globe vert foncé de la grosseur d'un melon. Pour le deuxième songe où une pluie d'étincelles emplit soudain la chambre, Descartes lui-même hésite entre ce qui foudroie celui qui voudrait rivaliser avec Dieu, puis à la fin, méditant sur la volonté divine, il y voit la lumière inspirée par l'Esprit, en une Pentecôte de la raison. Dans le dernier songe, bien plus proche de la vie quotidienne, le rêveur est à sa table de travail, avec des livres, dont une Encyclopédie, que Baillet a mal traduit par « Dictionnaire » : le terme Encyclopédie se trouve dans les textes de jeunesse et désigne la totalité du savoir comme « èn kuklô », en un globe, ce qui reprend la tentation du premier songe. Mais elle disparaît, remplacée par un Recueil de poètes latins, familier au collégien de La Flèche : il le prend et l'ouvre au hasard (comme on faisait parfois avec la Bible pour trouver une solution à un problème personnel) et en retient ce seul vers : « Quod vitae sectabor iter ? », « Quel chemin suivrai-je dans la vie ? » Enfin ce livre aussi disparaît tandis que reparaît le premier, alors incomplet : l'homme ne possède jamais la totalité du savoir, il doit sans cesse avancer sur le chemin de la vérité.

Mais comment ce savant a-t-il éprouvé le besoin d'un fondement métaphysique ? Nous suggérons ici une hypothèse nouvelle : à son retour d'Italie, fin avril 1625, Descartes est très lié avec Guez de Balzac. Or celui-ci publiera plus tard (après la mort de Descartes et sans nommer Nassau), le récit de la mort de Maurice de Nassau, survenue le 14 avril (il devait alors courir tout Paris) : avant sa mort, interrogé sur sa foi par le pasteur, Nassau aurait répondu : « Je crois que 2 et 2 *sont* 4 et 4 et 4 sont 8 » : cette phrase (avec le double *sont* et non « font ») est textuellement reprise par le Dom Juan de Molière, comme une sorte de devise des athées. Tallemant des Réaux (*Historiettes*, publiées seulement au XVIIIe siècle), nommera Orange-Nassau en lui faisant dire : « Je crois qu'il n'y a de certain que les mathématiques. » C'est ce que Descartes prenait comme modèle de certitude dans les *Regulae*, commencées avant le voyage en Italie, tout en restant fidèle à la religion de son enfance. Ainsi a-t-il voulu établir que l'existance de Dieu est *plus* certaine que les mathématiques : fin 1629 et en 1630, il évoquera en ces termes, dans des lettres, cette métaphysique, interrompue pour revenir à la science : il en avait démontré l'essentiel, et après avoir hésité à la publier pour combattre un méchant livre athée, qui finalement n'en valait pas la peine, il y avait renoncé. Juste avant de l'interrompre, pour expliquer l'observation de faux soleils, le 18 juillet 1629, il rappelait à l'Oratorien Gibieuf sa promesse de revoir et éventuellement corriger ce petit traité de métaphysique. Peut-être en 1625 avait-il hésité à écrire sur Dieu ; et ce seraient les encouragements de Bérulle (avec lequel il eut un entretien privé après leur rencontre lors d'une conférence où sa critique de l'orateur avait fait impression) qui l'auraient conduit à entreprendre cette réflexion sur la Divinité : cette rencontre avait eu lieu en novembre 1627 (et non 1628 comme l'a cru Baillet, ce qui la rendrait insignifiante). Or Descartes a passé l'hiver 1627-1628 « à la campagne en France »; mais loin d'y trouver la solitude nécessaire pour ses méditations, il était sans cesse dérangé par les visites de politesse des « petits voisins », et fut insatisfait de ce qu'il avait commencé à écrire « sur la Divinité » : c'est ainsi qu'il résolut de quitter la France pour aller vivre aux Pays-Bas, où il avait apprécié, pendant son premier séjour, la réserve de ses habitants. En octobre 1628, il va retrouver Beeckman pour lui faire part de ses découvertes scientifiques; alors qu'il projetait de travailler à nouveau avec lui, déçu par son attitude dominatrice, il reste évasif; il laisse entendre qu'il retourne en France, ce qu'il fit peut-être brièvement. Il dira avoir consacré à la métaphysique les neuf premiers mois de son séjour aux Pays-Bas; interrompue vers septembre 1629, elle avait donc été commencée dès l'hiver. Mais on ignore où il l'a passé et où fut pour la première fois *pensé* le *Cogito*; à la fin d'avril, Descartes s'inscrit (pour disposer d'une bibliothèque) à l'Université de Franeker comme « René Descartes, Français, philosophe ».

Que contenait ce commencement de métaphysique ? Plus que le résumé de la quatrième partie du *Discours de la méthode* où Descartes a atténué les arguments du doute dans cet ouvrage en français, de peur que les plus faibles esprits ne s'y laissent enfermer. Son originalité est d'avoir vaincu le doute par le doute poussé au maximum (doute « hyperbolique »). Lecteur de Montaigne et de Charron, il refusait de s'y reposer (comme sur un « mol oreiller ») : les sceptiques substituaient à toute affirmation ou négation une simple interrogation : « Que sais-je ? ». Le *Discours* montre que le doute affectait même les mathématiques, parce que certains se trompent sur des questions faciles; mais je ne puis douter que je doute : ma pensée se découvre ainsi avec ses limites (l'insistance du latin *ego*, « moi », exclut qu'on saisisse d'emblée une pensée universelle et impersonnelle, comme chez Spinoza). Et cette limite liée à mon ignorance, est ressentie comme un *défaut* par rapport à un idéal de perfection absolue : cet Etre « infini, éternel, immobile, tout connaissant, tout puissant » existe donc nécessairement. Ainsi une nouvelle preuve, dite ontologique, inclut l'existence nécessaire dans la totalité des perfections. C'est probablement alors que fut interrompue la première métaphysique : la pensée ou plutôt la multiplicité des sujets pensants, était posée indépendamment de la possible existence de corps; et quand Descartes découvre la preuve ontologique, c'est par différence avec l'idée de l'étendue : «objet des géomètres», celle-ci est «comme un corps continu ou un espace indéfiniment étendu» selon ses trois dimensions. Cela suffit à Descartes pour revenir à l'étude de ces corps, à partir de leur nature étendue, sans avoir eu besoin de démontrer leur existence, comme il l'ajoutera dans la sixième Méditation et au début de la deuxième partie des *Principes*. Car ce Dieu parfait qui m'a créé ne peut permettre que je me trompe toujours (même s'il m'arrive encore de rêver ou de commettre des erreurs). Et Descartes n'a pas besoin non plus de démontrer l'existence d'autres esprits — pour lesquels il rédige ses pensées; dans la quatrième partie du *Discours*, après les démonstrations de Dieu, il passe spontanément du «je» (jusque-là répété) au «nous», «les hommes», «les meilleurs esprits»... Mais il nous arrive de nous tromper et Dieu n'en est pas responsable : les *Méditations* de 1641 ajoutent (dans la quatrième) l'explication de nos erreurs quand la volonté qui juge ne se limite pas à ce que l'entendement lui présente avec évidence. Et la sixième Méditation pose le problème de l'union entre les deux substances totalement différentes qui composent l'homme. Cette union intervient dans les sensations qui ne nous représentent pas l'objet en lui-même (toutes le modalités de l'étendue étant figures et mouvements), mais en tant qu'il nous signifie un bien ou un mal pour la conservation de cette union : tout «sens» a du sens. Toutefois notre nature peut se dérégler (ainsi le malade de la jaunisse projette la même couleur sur tous les objets).

Bientôt Descartes fera la connaissance de la princesse Elisabeth, et leur correspondance approfondit l'expérience irrationnelle de cette union et ses conséquences. Exilée aux Pays-Bas (après la défaite de son père à la Montagne Blanche) et souffrant parfois de pénibles incidents familiaux, Elisabeth tendait à être dépressive. Associant le soin du corps à la détente de l'esprit, alors qu'elle allait faire une cure thermale à Spa, Descartes lui conseille, pour en bien profiter, de se «délivrer l'esprit de toutes sortes de pensées tristes» et «d'imiter ceux qui en regardant la verdeur d'un bois, les couleurs d'une fleur, le vol d'un oiseau (...) se persuadent qu'ils ne pensent à rien. Ce qui n'est pas perdre le temps, mais le bien employer», en espérant qu'ainsi «on recouvrera une parfaite santé, laquelle est le fondement de tous les autres biens qu'on peut avoir eu en cette vie» (mai ou juin 1645) — comme le disait déjà le *Discours de la méthode*. «La conservation de la santé a été de tout temps le principal but de mes études», écrit-il à Newcastle en octobre de cette même année 1645 où la correspondance avec Elisabeth s'oriente de plus en plus vers la morale; il en donne (le 15 septembre 1645) les fondements métaphysiques : adhésion à la volonté de Dieu, espérance en une immortalité bienheureuse, union à cette famille, à cette société, cet Etat dont on est une partie. La fin de la lettre du 15 septembre conseille de suspendre notre jugement quand nous sommes «émus de quelque passion», et en octobre il commence à examiner les passions, avec le bon usage du libre arbitre, qui avait fait aussi l'objet de deux importantes lettres au Jésuite Mesland (2 mai 1644 et 9 février 1645).

En 1646 (15 juin), il commence à écrire à Chanut, qu'il a rencontré lors de son voyage en France en 1644, avec une immédiate et réciproque sympathie. Il lui parle de ce petit traité des passions (qu'il n'a pas alors l'intention de publier) et lui avoue avoir mieux établi «des fondements certains en la morale», qu'en la médecine (à quoi il a «employé beaucoup plus de temps») : «au lieu de trouver les moyens de conserver la vie, j'en ai trouvé un autre, bien plus aisé et plus sûr, qui est de ne pas craindre la mort»... Chanut venait d'être nommé résident de France en Suède. Il va mettre en relation le philosophe et la reine Christine, qui lui fait poser des questions sur l'amour (particulièrement l'amour de Dieu) et sur le Souverain Bien : la lettre personnelle que lui adresse Descartes, le 20 novembre 1647, exalte le bon usage du libre arbitre «qui nous rend en quelque façon pareils à Dieu», au point que nous sommes tentés de ne plus en être sujets, ce qui en est le mauvais usage.

Or avant de partir pour la Suède (en octobre 1649 : il y prendra froid et mourra le 10 février 1650) — Descartes s'est décidé à publier le Traité *des Passions*, et peut-être y a-t-il alors ajouté les articles qui accentuent ce bon usage du libre arbitre, en la générosité : elle justifie la plus haute estime, et empêche qu'on méprise les autres (toujours capables de bien agir); elle réalise le meilleur «remède contre tous les dérèglements des passions» (art. 151-154 et 156) : c'est le dernier «fruit» de cette plus haute morale qui s'épanouit au sommet de l'arbre de la philosophie, selon l'image que développe la préface au traducteur des *Principes*.

Pour terminer, soulignons une ouverture œcuménique qui apparaît dans une modification par Clerselier de la lettre à Huygens du 27 août 1640 : brève, non philosophique, elle n'est pas commentée dans les études sur Descartes les plus connues : Descartes conteste la critique de son ami contre l'usage des orgues dans les églises catholiques, et plaisante sur cet «instrument le plus propre pour commencer de bons accords». Puis il ajoute souhaiter «que *la religion* me fasse espérer d'être après cette vie avec ceux de ce pays», avec lequel il a «montré» qu'il aimait «mieux vivre que même avec *ses* plus proches parents». Ce texte figure dans le supplément du Tome III (p. 758-759) qui reproduit les autographes des lettres à Huygens retrouvées après la publication de la correspondance dans la première édition : celle-ci donne (p. 158) le texte transformé par Clerselier : «J'ai bien plus de raison de souhaiter que *le retour à notre religion* me fasse espérer...» («Le retour à notre» figure en note au bas de la page 759, mais n'a pas été commenté). On avait bien remarqué que dans la lettre de condoléances au même Huygens du 10 octobre 1642, après que l'affirmation de nos âmes doivent durer plus que le corps, et sont «nées pour (...) des félicités beaucoup plus grandes que celles dont nous jouissons en ce monde», Clerselier avait ajouté : «pourvu que par nos dérèglements nous ne nous en rendions point indignes, et que nous ne nous exposions point aux châtiments qui sont préparés aux méchants» (AT III, 798 et 580). Son addition de «retour à *notre* religion» subordonne le salut des autres chrétiens à leur conversion au catholicisme. On n'a pas relevé non plus que les nombreuses lettres évoquant l'espoir en une immortalité bienheureuse sont adressées aussi bien à des catholiques qu'à des protestants comme la princesse Elisabeth, Huygens et même Pollot issu d'une famille italienne qui avait abandonné le catholicisme pour le calvinisme, en venant vivre à Genève puis aux Pays-Bas. Malgré sa dureté, la longue Epître (latine) à Voët précise que Descartes ne disputait jamais sur les points qui ont divisé les chrétiens en plusieurs sectes. Il a toujours soigneusement distingué des bases rationnelles, établies par sa philosophie et qui doivent être communes à tous les hommes, les mystères théologiques accueillis par la foi — et auxquels il est resté fidèle. Dans l'Epître à Voët, il cite et commente la page de Saint Paul sur la charité dans la première Epître aux Corinthiens : «cette charité, c'est-à-dire cette amitié sainte que nous portons à Dieu, et à cause de Dieu, à tous les hommes, en tant que nous savons qu'ils sont aimés de Dieu».

Chapitre 2
Descartes, Harvey et la tradition médicale

Annie Bitbol-Hespériès
Docteur en philosophie

Le Discours de la méthode, publié en 1637, à Leyde, sans nom d'auteur, présente dans sa cinquième partie une explication du mouvement du cœur, qui inclut la découverte par Harvey de la circulation du sang. Exemple privilégié de la méthode, cet exposé détaillé est novateur pour plusieurs raisons, qui témoignent de l'importance de l'enjeu des questions médicales dans l'œuvre de Descartes.

Pour bien comprendre cet aspect novateur, il faut se replacer dans le contexte médical du dix-septième siècle. C'est-à-dire qu'il faut tenter d'oublier ce que nous savons à ce sujet, nous lecteurs de la fin du vingtième siècle, habitués à l'utilisation du microscope et à la manipulation de divers appareils d'enregistrements des données du corps humain, sur le cœur, sur son mouvement et sur la circulation du sang. Et cet effort est plus considérable encore à réaliser pour ceux qui ont reçu une formation médicale : ils doivent par exemple oublier les trois volumes de l'Anatomie de Rouvière, leur pratique des radiographies, de l'échographie, du scanner, de l'imagerie par résonance magnétique, et se familiariser avec un vocabulaire différent[1].

Si donc nous nous plaçons dans le contexte médical de la première moitié du dix-septième siècle, nous devons d'abord rappeler que le choix du cœur comme objet d'étude privilégié est un choix audacieux. En effet, le cœur, organe « principal » du corps depuis Aristote, dispute au cerveau, voire à une partie du cerveau, le rôle de médiateur entre l'âme et le corps. C'est donc un thème traditionnellement important dans les traités médicaux. Et les anatomistes qui étudient ce viscère, insistent sur le fait qu'il est difficile de « décrire son admirable composition et structure », mais que c'est accéder à de « merveilleux secrets de Nature », (« Naturae... arcana »)[2]. Le choix de proposer, dans *Le Discours de la méthode*, une explication du mouvement du cœur, est le second point à commenter. D'abord parce que prétendre expliquer ce mouvement, alors si difficile à observer, c'est plonger, si l'on peut dire, au cœur de la physiologie, dont Fernel, qui a forgé le mot, rappelle qu'elle est affaire de raisonnement, car elle vise ce qui n'est pas accessible aux sens externes. Ensuite parce que les anatomistes, jusqu'à Harvey, soulignent que « la nature et la cause de ce perpétuel mouvement est si pleine d'obscurité et embrouillée de tant de difficultés, que le très docte Fracastor a pensé qu'il n'y avait seulement que Dieu et Nature qui en eussent la vraie connaissance »[3]. Enfin, parce que traiter du mouvement du cœur en 1637, c'est se prononcer sur le livre, déjà controversé, et publié en latin par William Harvey moins de dix ans auparavant : *Exercitatio de motu cordis et sanguinis in animalibus*, autrement dit le livre sur le mouvement du cœur et le mouvement circulaire du sang, dont la démonstration a pour conséquence de faire voler en éclats les divisions du corps dans les traités d'anatomie. Avant Harvey en effet, l'opinion générale, dérivée de Galien, associait le foie aux veines et aux esprits naturels, le cœur aux artères et aux esprits vitaux, et le cerveau avec les nerfs et les esprits animaux. Et de fait, dans ces pages de la cinquième partie du *Discours,* qui relaient la découverte de Harvey, se joue un aspect essentiel du renouveau de la médecine dans la première moitié du dix-septième siècle.

En effet, Descartes institue une rupture radicale par rapport à la tradition médicale en dissociant le cœur et l'âme, et en rejetant tout recours aux « facultés » qui étaient jusqu'alors utilisées pour caractériser les fonctions du corps (faculté végétative liée au foie, faculté vitale liée au cœur, et faculté animale, c'est-à-dire liée à l'« anima », à l'âme, au cerveau). Cet abandon des « facultés » est lié à la découverte récente de la circulation du sang par Harvey, et à une explication mécanique de la chaleur du cœur conçue comme principe de vie[4]. Mais en rejetant toute connexion entre le cœur et le soleil, alors que Harvey utilise la métaphore du cœur-soleil, Descartes montre l'extrême singularité de sa conception. Il soutient en outre une explication de la cause du mouvement du cœur différente de celle proposée par Harvey dans la première partie de son ouvrage publié à Francfort sur le Main. J'ai déjà expliqué la controverse Descartes/Harvey sur la cause du mouvement du cœur[5], et n'y reviendrai donc pas dans le cadre de cet exposé, mais me consacrerai à la présentation par Descartes de la démonstration harvéienne du mouvement circulaire du sang dans l'organisme.

En citant le nom de Harvey et le titre *De motu cordis* en note marginale[6] du *Discours de la méthode*, écrit en français, Descartes contribue à diffuser une authentique découverte auprès d'un nouveau public, et non seulement auprès des doctes. L'attitude élogieuse de Descartes envers la démonstration harvéienne de la circulation, qui se retrouve dans toute son œuvre[7], est d'autant plus intéressante à souligner que Descartes répugne souvent à citer ses sources, et que la thèse de la circulation du sang a suscité une résistance vive et prolongée chez de nombreux médecins, surtout en France, comme en témoigne *Le Malade imaginaire* de Molière. Dans cette pièce écrite en 1673, soit trente-six ans après la parution du *Discours*, quarante-cinq ans après la publication du *De Motu cordis*, Molière met en scène Thomas Diafoirus, qui en offrant à Angélique la thèse qu'il vient de soutenir « contre les circulateurs »[8], est « peut-être un amant saugrenu », mais « pas un médecin anachronique »[9]. Pas anachronique en effet, puisque la pièce est rédigée juste un an après l'intervention du Roi Louis XIV, pour confier à Dionis, au Jardin du Roi (notre jardin des plantes), la chaire d'anatomie afin qu'y soit enseignée *L'Anatomie de l'Homme suivant la circulation et les nouvelles découvertes*, et que, en 1676, John Locke, philosophe et médecin, rapporte dans son *Journal* une soutenance de thèse à Montpellier, où le professeur commence par prononcer une diatribe contre les innovations.

Descartes figurant parmi les premiers défenseurs de la circulation du sang, et discutant avec Harvey du mouvement du cœur, voilà qui peut surpendre, puisque l'anonymat de l'auteur du *Discours* et des *Essais* ne dissimule pas l'identité d'un docteur en médecine.

Descartes n'est pas «médecin de profession», comme Harvey. Harvey a d'ailleurs obtenu son titre de docteur en médecine dans des conditions prestigieuses puisque, après ses études à Cambridge, il s'est rendu à Padoue, alors centre d'excellence pour l'enseignement médical. Cette fameuse université offrait à ses étudiants en médecine une solide formation théorique, y compris en philosophie, jointe à un enseignement de l'anatomie (*cf.* le célèbre théâtre que fit construire Fabricius, le maître de Harvey), et de la clinique, exceptionnel dans ces années où l'enseignement médical se caractérisait par l'inégalité de la durée des études selon les universités, la médiocrité de la formation dispensée, et le recours parcimonieux à la dissection humaine. Et si Harvey n'est pas, au moment de la publication du *Discours de la méthode*, (et beaucoup s'en faut, compte tenu de l'ample polémique déclenchée par le *De motu cordis*), considéré comme le fondateur de la médecine moderne, il est toutefois un médecin et un professeur importants. Harvey est depuis 1609 médecin à l'hôpital St Bartholomew de Londres, et occupe depuis 1616 le poste prestigieux de professeur d'anatomie au Collège des médecins de Londres, où il a partiellement exposé ses idées sur la circulation du sang[10]. Il est aussi, depuis 1618 médecin du Roi d'Angleterre.

Quant à Descartes, à partir du moment où il s'est intéressé à la médecine, fin 1629, il s'y est consacré avec soin, et a pratiqué de nombreuses expériences. Ce point doit être souligné, afin d'en finir avec l'image de Descartes, malheureux philosophe égaré en médecine, simple «amateur» en médecine[11], et de comprendre pourquoi Descartes a pu se mesurer à Harvey dans *Le Discours de la méthode*, et pourquoi aussi Harvey a répondu à Descartes dans la deuxième lettre à Riolan de 1649[12].

Si Descartes a entrepris de discuter avec Harvey sur le mouvement du cœur, et s'il a pris la défense de sa thèse de la circulation du sang, c'est que ses sources en médecine sont convergentes avec celles de Harvey et sont les meilleures de l'époque. J'ai d'ailleurs montré qu'en se référant, dans sa correspondance, à «ce que Vezalius et les autres écrivent de l'anatomie», et en soulignant sa pratique de «la dissection de divers animaux»[13], Descartes se situait dans la continuité du renouveau médical de la Renaissance, dont Vésale est la figure emblématique[14]. Rappelons rapidement ces points.

En 1543, année remarquable — puisque Copernic publie à Nuremberg son *De revolutionibus orbium coelestium* —, Vésale, originaire de Bruxelles, fait paraître son traité *De humani corporis fabrica libri septem*, autrement dit son traité en *sept livres sur la fabrique du corps humain*. Vésale est alors professeur à l'école de médecine de Padoue, où il a rédigé la version finale de son traité avant de le faire publier chez Oporinus, à Bâle[15]. Le traité de Vésale a pour but de mettre à jour la «fabrique du corps humain», et de faire oublier le déclin qui frappe alors l'anatomie. La préface de l'ouvrage déplore cette «perte» de l'anatomie et Vésale dénonce l'enseignement surtout livresque qu'il a reçu à Paris. Cette préface est passionnante aussi en ce qu'elle prescrit une orientation nouvelle en insistant sur l'importance de l'anatomie pour restaurer la connaissance, «la science perdue des parties du corps humain»[16]. En défendant la place de l'anatomie dans les études médicales, Vésale évoque sa conception de l'homme. Il mentionne en effet «le charme» que l'on peut prendre en étudiant l'organisme de «la plus parfaite des créatures», (...) que les Anciens, pour ses correspondances remarquables avec le monde, ont justement appelé microcosme (microcosmus)»[17]. Ces thèmes, l'un lié à la perfection de l'être humain, dont tout l'ouvrage montre l'admirable adaptation des organes aux différentes fonctions du corps, l'autre associé à la définition de l'homme en tant que microcosme, joints au thème de la Nature créatrice de cette œuvre admirable qu'est le corps humain, vont être largement repris dans les traités de médecine, y compris chez Harvey.

Quand Descartes se réfère à Vésale dans sa correspondance, il associe ce nom prestigieux aux «autres», reconnaissant ainsi que Vésale a ouvert une voie dans laquelle d'autres anatomistes l'ont suivi.

C'est le cas aux Pays-Bas, où premier tiers du dix-septième siècle marque un regain d'intérêt pour Vésale, dont témoignent les éditions de textes s'inspirant directement de ses écrits. Ainsi, en 1633 paraît à Amsterdam une réédition de l'*Epitome Anatomica* de Vésale, avec des commentaires de P. Paaw. Dans cet ouvrage de petit format, d'abord publié à Leyde en 1616, le titre indique qu'il s'agit d'un résumé visant à ressusciter l'œuvre anatomique de Vésale : *Andreae Vesalii Bruxellensis Epitome anatomica, opus redivivum*[18]. Cet aspect de la vie médicale se retrouve dans le célèbre tableau peint par Rembrandt, en 1632, à Amsterdam, c'est-à-dire au moment, et dans le lieu même où Descartes se prépare à rédiger le traité de *L'Homme : l'anatomie du docteur Tulp*[19]. Car ce tableau historique, qui relate la seule anatomie publique de l'année 1632 à Amsterdam, et ce tableau de groupe, où chaque personnage est identifié, est aussi un tableau qui appartient à l'histoire de la médecine en ce qu'il montre une dissection où l'ordre de la démonstration anatomique n'est pas respecté. En effet, la dissection procède selon un ordre codifié, et l'ouverture du cadavre commence, pour des raisons évidentes de conservation, par l'abdomen, la dissection se poursuivant par l'ouverture du thorax, puis de la tête, celle des membres n'intervenant que plus tard[20]. C'est cet ordre qu'illustrent de nombreux frontispices au dix-septième siècle, faisant écho à la page de titre de la *Fabrica* de Vésale[21]. Si le docteur Tulp a demandé à Rembrandt de le représenter en train de montrer les muscles de l'avant-bras qui commandent la flexion des doigts de la main, c'est que cette présentation le pose et l'impose en tant que «nouveau Vésale», que «Vésale ressuscité», «Vesalius redivivus»[22]. En effet, le portrait de Vésale qui ouvre *La Fabrique du corps humain*, le montre disséquant les muscles de l'avant-bras permettant la flexion des doigts de la main. Ainsi s'établit un lien entre Vésale et Tulp, et Rembrandt consacre la renaissance vésalienne qui existe aux Pays-Bas dans le premier tiers du dix-septième siècle.

Cette renaissance des études vésaliennes se caractérise également, dans l'ensemble de l'Europe, par la diffusion de traités s'inspirant de Vésale. Parmi ces traités figure le *Theatrum Anatomicum* (Théâtre anatomique) de Caspar Bauhin, dont j'ai montré qu'il a servi d'ouvrage de référence à Descartes[23]. Bauhin, professeur de médecine à Bâle, qui a étudié à Padoue, reprend dans le *Theatrum anatomicum* (éditions de 1605, puis 1620-1621), des planches anatomiques tirées de Vésale, mais sans reprendre les lettres inscrites sur les schémas. Parmi ces planches figurent en particulier celles sur la structure intra-cérébrale[24], objet privilégié, avec les cœurs d'animaux, des dissections que pratique Descartes à partir de son installation à Amsterdam. Ces planches ont aidé Descartes dans la pratique des dissections auxquelles il se livre à Amsterdam, pendant l'hiver 1629, alors qu'il habite Kalverstraat, c'est-à-dire la rue des Veaux. Et dix ans plus tard, il note à ce propos : «... et j'ai été un hiver à Amsterdam que j'allais quasi chaque jour en la maison d'un boucher pour lui voir tuer des bêtes, et je faisais apporter de là en mon logis les parties que je voulais anatomiser plus à loisir. »[25]

Le Théâtre anatomique de Bauhin s'inspire des planches de Vésale, en les actualisant grâce aux nouvelles découvertes fondées sur les démonstrations anatomiques. Bauhin présente ainsi les valves veineuses, dont l'existence a été démontrée à Padoue par Fabrice d'Acquapendente, et publie des planches inspirées des principales tables tirées du superbe in-folio de Fabricius ab Aquapendente publié à Padoue en 1603, le *De venarum ostiolis*. Bauhin divulgue ainsi une découverte anatomique considérable, sur laquelle Descartes et William Harvey ont médité.

Et si le nom de Bauhin est maintenant oublié, à l'exception des étudiants en médecine qui connaissent la valvule de Bauhin (valvule iléo-caecale), il faut se souvenir que Bauhin est cité avec éloges par William Harvey dans le *De motu cordis*[26], et que le *Theatrum anatomicum*, édition de 1605, a servi d'ouvrage de référence pour les cours que Harvey a dispensés à Londres à partir de 1616[27].

Les sources médicales de Descartes : Bauhin, mais aussi Fabrice d'Acquapendente pour l'embryologie[28], ou comme on disait alors, pour la génération des animaux, le mettent donc en concordance parfaite avec celles de William Harvey, et cet accord sur les ouvrages de référence en médecine est d'autant plus intéressant à relever que Descartes a étudié seul la médecine.

Mais tous ces livres — dont la Réserve de la Bibliothèque de médecine qu'abrite l'université René Descartes, possède de superbes exemplaires[29] —, s'ils soulignent le rôle joué par la pratique des dissections dans l'accroissement des connaissances médicales, proposent aussi une conception de l'homme et de la nature humaine qui met en jeu la philosophie enseignée aux médecins en formation à Padoue. A cet égard, Descartes se sépare nettement de Harvey, puisque Descartes met en cause ce cadre conceptuel dont Harvey a hérité, et dans lequel il a inscrit sa brillante découverte de la circulation du sang et du mouvement du cœur[30].

A Padoue en effet, les futurs médecins recevaient un enseignement en philosophie où l'étude de l'œuvre d'Aristote occupait une grande place. L'importance d'Aristote en médecine fut la conséquence du nouvel intérêt qui se manifesta pour les écrits du Stagirite, et dont témoignent les nouvelles traductions latines qui furent alors entreprises pour remplacer les traductions médiévales. Parmi ces nouvelles traductions, l'édition de 1550-1552, à la Giunta, des *Œuvres d'Aristote*, avec les commentaires d'Averroès, est justement célèbre pour avoir sonné le glas de l'approche philologique des textes d'Aristote.

En outre, le philosophe padouan Zabarella, qui s'intéressa aux problèmes médicaux, insista sur le fait qu'il est impossible d'être un bon «medicus» sans être philosophe, c'est-à-dire qu'il est impossible d'être un bon praticien de la médecine, sans s'être posé des questions théoriques et méthodologiques[31]. Il enseignait également que, pour comprendre la structure du corps humain, les médecins doivent suivre l'enseignement d'Aristote, tel qu'il est inscrit dans le *De partibus animalium*, plutôt que dans le *De Historia animalium*. Cette indication signifie que le médecin doit privilégier la connaissance de la fonction et de la finalité à une description de la structure externe des parties. Dans son commentaire du *De Anima* d'Aristote, publié à Venise en 1605, Zabarella insiste également sur le fait que les médecins peuvent tirer grand profit des réflexions sur la vie, sur la croissance et sur l'âme[32].

Les traités de médecine écrits à la fin du seizième et au dix-septième siècle par les médecins qui ont étudié à Padoue comportent donc de nombreuses citations d'Aristote. Toute analyse de l'avènement de la science médicale moderne devrait prendre en compte l'importance de l'aristotélisme en médecine, dont témoigne encore de façon exemplaire l'œuvre de Harvey. Ce brillant médecin anglais, génial observateur et expérimentateur qui a découvert la circulation du sang, émaille en effet ses écrits de références nombreuses à l'œuvre d'Aristote.

Ce faisant, Harvey illustre sa formation padouane, dont il a reconnu l'importance dans ses découvertes, et qui se manifeste dans ses écrits : *De motu cordis et sanguinis in animalibus* de 1628, et *De generatione animalium* de 1651. Dans le *De motu cordis et sanguinis in animalibus*, Harvey cite son maître padouan Fabrice d'Acquapendente, (*De Respiratione* et *De venarum ostiolis*), ainsi que Caspar Bauhin. Mais Harvey cite aussi beaucoup Aristote, dont il s'inspire d'ailleurs pour la définition du mouvement circulaire du sang dans les animaux.

Or Descartes, dans *Le Discours de la méthode*, lorsqu'il approuve la circulation du sang, ne retient de la démonstration harvéienne que les «preuves» expérimentales avancées par le médecin anglais. C'est dire qu'il fait silence sur la référence à l'aristotélisme, qui fonde pourtant la définition du mouvement circulaire du sang dans l'organisme au chapitre VIII du *De motu cordis et sanguinis*. Car, dans la cosmologie aristotélicienne, dont Harvey est pénétré, alors que Descartes la rejette, les phénomènes du monde sublunaire ne sont que des imitations du modèle céleste[33].

Ce rejet de l'aristotélisme est un premier indice du changement de perspective que Descartes imprime à la démonstration de Harvey, et plus généralement de la remise en ordre que Descartes impose au champ du savoir dans sa manière de traiter la question de l'homme.

En effet, dans les traités médicaux que Descartes a consultés, celui de Bauhin, comme dans ceux des anatomistes ayant fréquenté l'école de Padoue, se trouve aussi exposée une conception de la nature de l'homme. Cette conception est associée à des affirmations sur la Nature ou le Créateur, et sur la finalité. Elle met en jeu les comparaisons microcosme, macrocosme, et le statut de l'homme par rapport aux animaux. Elle traite aussi de l'âme principe de vie. C'est par rapport à l'ensemble de ces questions que la cinquième partie du *Discours de la méthode* doit être comprise.

Certains des éléments qui sont incrits dans la conception de l'homme développée par Bauhin, mais aussi par Du Laurens par exemple, trouvent leur origine dans le fameux traité de Vésale, *De humani corporis fabrica libri septem*. C'est le cas pour l'invocation du rôle du Créateur, de Dieu, ou de la nature, et pour l'admiration que suscite l'agencement des parties du corps humain. Cette perspective de louanges au Créateur et l'admiration qui doit être ressentie pour son œuvre, est également celle de Fabricius, le maître padouan de Harvey, lorsqu'il publie son traité sur les valves veineuses, et celle aussi de Bauhin. Harvey lui-même, dans son traité de 1628 sur le mouvement du cœur et du sang dans les animaux, parle à plusieurs reprises de l'habileté de la Nature. Il montre son attitude respectueuse envers l'habileté de la Nature et son ouvrage comporte des considérations téléologiques sur la Nature[34]. Or si dans le *Discours*, Descartes s'inspire directement de Harvey, en demandant à ses lecteurs «de faire couper devant eux le cœur de quelque grand animal qui ait des poumons»[35], il s'en sépare lorsque, évoquant les valves cardiaques (les «onze petites peaux»), il note qu'il «n'est point besoin de chercher d'autre raison» de leur nombre, «sinon que» des raisons purement mécaniques liées à leur forme compte tenu de leur point d'insertion sur le cœur[36]. La rédaction adoptée par Descartes marque nettement son opposition au thème de la Nature et la finalité, encore illustré par Harvey.

Descartes rejette aussi le rapport entre macrocosme et microcosme, alors si fréquent dans les textes médicaux, depuis sa reprise magistrale par Vésale, dès la Préface de la *Fabrica*. Ce thème de l'homme microcosme se retrouve dans la plupart des traités médicaux du premier tiers du dix-septième siècle, et fonde la comparaison, banale elle aussi, du cœur avec le soleil, dont use Harvey dans le *De motu cordis*, dès la dédicace au Roi Charles Ier, puis dans le chapitre VIII consacré à la démonstration du mouvement circulaire du sang dans l'organisme. Or Descartes passe sous silence la comparaison macrocosme/microcosme, et ne dit mot de cette connexion entre le soleil et le cœur, parce qu'il rejette l'explication sous-tendant la relation ainsi établie entre le soleil et le cœur, qui repose sur l'affirmation que le principe vital est issu des astres.

En outre, Descartes modifie l'ordre de la présentation des «preuves» expérimentales avancées par le médecin anglais pour la circulation. Ainsi Descartes met en avant, dans la démonstration harvéienne du trajet circulaire du sang dans l'organisme, la supposition des anastomoses des artères aux veines, dont Harvey, qui écrit, comme Descartes, avant l'invention du microscope, reconnaît qu'elles sont invisibles. Ce point illustre la méthode cartésienne, visant à expliquer le visible par l'invisible, ou plus exactement par le *pas encore* visible, puisque Descartes anticipe l'intérêt des «lunettes» pour la connaissance biologique[37].

De sorte que la présentation de la thèse de Harvey dans le *Discours* s'accompagne d'un changement de perspective, Descartes transmettant une image plus «moderne» que celle qui se découvre à la lecture du traité de 1628[38]. C'est cette image de Harvey qui a été retenue par les médecins hollandais et les médecins italiens, et c'est celle, pensons-nous, qui s'est ensuite imposée en France, avant de se superposer au texte de Harvey.

Car la confrontation de Descartes avec Harvey montre que l'enjeu des questions médicales chez Descartes ne se réduit pas au seul désir de proposer une description cohérente des phénomènes vasculaires et du trajet circulaire du sang dans l'organisme, tâche à laquelle Harvey s'est brillamment consacré. Le domaine dans lequel Descartes souhaite établir une telle cohérence est beaucoup plus vaste que celui dans lequel Harvey s'est prudemment limité. Avant de rédiger le *Discours de la méthode pour bien conduire sa raison et chercher la vérité dans les sciences*, Descartes a écrit le traité de *L'Homme*, chapitre XVIII du traité du *Monde*. Dès ce moment, il rompait de façon décisive avec les théories médicales traditionnelles, inscrites dans une cosmologie dérivée des thèses antiques, et ouvrait la voie à l'émancipation de la médecine par rapport aux pseudo-explications recourant aux «facultés» issues de la tradition galénique, et par rapport à l'importance de l'aristotélisme en médecine, dont l'œuvre de Harvey porte encore témoignage.

Descartes transmet la découverte de la circulation du sang dans un contexte «moderne» qui va ensuite s'imposer, parce qu'il a posé la question de l'homme dans son contexte médical, tout en malmenant la tradition médicale. C'est le cas lorsqu'il propose, dès le traité de *L'Homme*, puis dans *Le Discours de la méthode*, l'explication des fonctions du corps par la «disposition des organes»[39], comme le rediront les *Passions de l'âme*, et *La description du corps humain*[40].

L'élimination des fonctions non intellectuelles de l'âme, liée à l'éradication de la définition de l'homme comme microcosme, pourtant la plus communément admise dans les traités médicaux[41], constituent le motif philosophique de la médecine cartésienne, du traité de *L'Homme* aux *Passions de l'âme*, en passant par le *Discours de la méthode* et la Méditation sixième[42]. De sorte que Descartes définit une nouvelle «anthropologie», sans anachronisme, puisque cette notion figure en 1629, dans la traduction de l'*Anthropographie* de Riolan fils, et qu'elle est le premier mot des Proèmes des traités d'anatomie de Caspar Bartholin père en 1632, et de son fils Thomas, en 1677[43]. L'originalité des conceptions anthropologiques de Descartes s'affirme par la reconnaissance de la singularité de l'âme raisonnable, ou de l'esprit «plus aisé à connaître que le corps»[44], et dont l'union avec le corps définit le «vrai homme»[45], ainsi que par l'affirmation du corps qui fonctionne selon «la disposition des organes», et auquel la chaleur du cœur donne la vie. L'âme n'étant ni principe de vie, ni de mouvement, et la mort n'arrivant «jamais par la faute de l'âme»[46], l'étude du corps devient un enjeu de recherche important pour Descartes.

Ce corps évoqué dans *L'Homme*, puis dans la cinquième partie du *Discours*, est régi par les lois de la nature établies par Dieu[47], et le modèle de la circulation du sang et des «esprits animaux»[48] dans les êtres vivants se retrouve dans l'explication «de tous les mouvements qui se font au monde», et qui «sont en quelque façon circulaires»[49]. C'est le cas des mouvements célestes avec les tourbillons de matière subtile qui environnent tout astre[50], et de la circulation du «cours de l'eau en cette terre» qui, souligne Descartes dans les *Principes*, «imite celui du sang»[51].

Le texte cartésien du *Monde* incluant *L'Homme*, qui redéfinit la nature[52], a aussi pour enjeu de proposer une relation nouvelle de l'homme vis-à-vis du monde, dans laquelle la médecine intervient, notamment par l'étude des «yeux des regardants»[53]. L'intérêt de Descartes pour les questions d'optique physiologique et pour le traitement novateur qu'il y introduit, présent dans le traité de *L'Homme*, est livré aux lecteurs dans le discours sixième de *la Dioptrique*, qui traite de la vision de façon originale et approfondie, pour définir un aspect fondamental du rapport de l'homme au monde.

La *Dioptrique*, publiée en 1637, comme un des *Essais* de la méthode, avec *Les Météores* et *La Géométrie*, est le premier texte que Descartes a songé à faire imprimer après son renoncement à publier *Le Monde* et *L'Homme*, en raison de la condamnation de Galilée[54]. Dans *La Dioptrique*, Descartes expose sa théorie de la connaissance en rendant compte, par une explication neuve de la physiologie de la vision, de la non-ressemblance des idées et des choses. Cette thèse s'appuie sur des arguments anatomiques et physiologiques, puisque, au début de la présentation de sa théorie de la vision, (*Dioptrique*, discours V et VI, et *L'Homme*), l'originalité de Descartes est d'insister sur le rôle des nerfs. Par rapport aux thèses des anatomistes sur la vision, l'audace du texte cartésien, jointe à la représentation graphique de l'insertion du nerf optique est, là encore, considérable. Pour s'en convaincre, il suffit de se reporter aux traités juste antérieurs à l'élaboration de la *Dioptrique* et de *L'Homme*. *L'Histoire anatomique* de Du Laurens, comme les *Œuvres anatomiques* de Jean Riolan (le fils) disent la perplexité des médecins en ce qui concerne les nerfs optiques, leur localisation précise, leur origine, leur assemblage, leur rôle dans la vision[55]. Descartes dépasse en outre les limites que Kepler, pourtant son «premier maître en optique»[56], et dont il s'inspire au sujet du cristallin, ainsi que pour le titre de la *Dioptrique*, avait assignées à l'optique dans les *Paralipomènes à Vitellion*, en évoquant «la manière dont se fait la vision»[57]. L'insistance de Descartes sur le rôle des nerfs optiques dans l'explication du sens de la vue, réaffirmée dans les *Principes* (IV, art. 195), est l'élément novateur qui lui permet de ruiner toute ressemblance entre l'image cérébrale et l'objet.

De sorte que les recherches de Descartes en anatomie et physiologie, sur les nerfs, la structure intra-cérébrale, et le cœur, s'inscrivent dans l'ensemble de son œuvre. Ces textes du *Discours* et de la *Dioptrique*, leurs liens avec le traité non publié, démontrent autant la cohérence du projet cartésien de reconstruction de l'édifice des sciences, issu des fameux songes de novembre 1619, que l'ampleur de la réflexion cartésienne sur les questions médicales.

L'originalité des conceptions médicales de Descartes se traduit également dans une des conséquences de l'affirmation du dualisme, à savoir l'énoncé, nouveau dans la cinquième partie du *Discours*, par rapport à *L'Homme*, de la séparation radicale entre l'homme et les animaux. Parce que Descartes fonde cette distinction sur la raison et le langage, il malmène à nouveau la tradition médicale, qui, recherchant ce qui appartient uniquement à la dignité particulière de l'homme, dispute sur la raison et la main, en écho à Aristote, mais insiste sur le rôle dévolu à la main. Du privilège accordé à la main témoigne le célèbre tableau de Rembrandt, que j'ai déjà cité, *L'anatomie du docteur Tulp*. Si Tulp s'est fait représenter montrant les muscles de l'avant-bras qui commandent la flexion des doigts de la main, c'est que la scène doit être associée à la signification particulière de la main dans les traités médicaux. Ceux-ci se réfèrent à Aristote, directement en citant le passage sur la main «organum organorum, instrument des instruments»[58], ou indirectement, via Galien et ses nombreuses pages sur la main dans le *De usu partium*[59], en liaison avec Aristote, et un finalisme intégral.

Par rapport à cette tradition, Descartes innove également, par l'analyse, dans la méditation sixième, de l'illusion des amputés, qui n'affecte en rien l'unité de l'âme, puis avec la description, dans les *Principes de la philosophie*, du cas de la jeune fille qui se plaint de douleurs dans les doigts alors qu'on lui cache son amputation de la main. L'exemple, fait pour prouver que «la douleur de la main n'est pas sentie par l'âme en tant qu'elle est dans la main, mais en tant qu'elle est dans le cerveau», rejette aussi la tradition de la «qualité dolorifique»[60].

L'ampleur de la réflexion cartésienne sur les questions médicales s'accompagne d'un souci : celui de ne pas mêler la médecine à la religion. Dans le premier tiers du dix-septième siècle, l'héritage de la Renaissance est présent dans les textes médicaux, par le recours au précepte grec «connais-toi toi-même». L'invocation de ce précepte, sous sa forme grecque, «gnôthi seauton», ou latinisée «nosce teipsum», a permis, à partir du seizième siècle, de justifier l'étude de l'anatomie, et la pratique des dissections. Mais dans le premier tiers du dix-septième siècle, l'invocation du «connais-toi toi-même» ne se réduit plus seulement à souligner l'utilité de l'anatomie, elle est mise en relation avec deux contextes éclairant ce précepte, l'un lié à la glorification du Créateur, l'autre associé au contexte moralisant sur les fins dernières du corps.

Le premier cas vise les louanges adressées au Créateur, qui fondent, surtout chez les médecins chrétiens, les louanges à Dieu, et signifient que se connaître soi, c'est connaître Dieu, «cognitio sui-cognitio Dei». *L'Histoire anatomique* de Du Laurens s'ouvre sur la démonstration de «la dignité de l'homme, l'excellence de l'Anatomie», l'affirmation qu'«il ne se présente donc rien de fortuit en la structure du corps, rien qui ne représente la majesté et grandeur d'une souveraine sagesse», et se poursuit par des chapitres intitulés : «Combien est utile l'Anatomie pour la connaissance de soi-même», et «Combien sert l'Anatomie pour connaître Dieu»[61].

Le deuxième cas est illustré, dans un contexte imprégné de macabre moralisant, par les inscriptions sur les bannières tenues par les squelettes placés dans les travées circulaires du célèbre amphithéâtre d'anatomie de Leyde. Deux gravures, de 1609 et 1610[62], montrent deux bannières, «nosce teipsum» «pulvis et umbra sumus», entourées par exemple de «mori ultimum. vita brevis», et de «mors ultima linea rerum». Ce théâtre, construit à l'initiative du docteur Pieter Paaw (Petrus Pavius), sur le modèle de celui de Padoue, où Paaw a étudié avec Fabricius[63], se situe, il est vrai, dans une ville dont l'université est un foyer de l'ascétisme calviniste[64]. De sorte qu'il vise à l'édification morale et religieuse, comme en témoigne la présence, sur les deux gravures précitées, de deux squelettes, sans bannières cette fois. Ces squelettes articulés d'un homme et d'une femme (figures d'Adam et Eve), près d'un arbre (l'arbre de la connaissance), étaient placés face à la table de dissection, et rappelaient que la mort est la conséquence du péché originel.

Par rapport à ces contextes, la connaissance du corps chez Descartes est originale, puisqu'elle se traduit par une explication mécaniste de ses fonctions, qui justifie le recours à l'expression «ce n'est pas merveille»[65]. C'est que pour Descartes, la médecine en tant que démarche scientifique s'associe à l'éradication de l'admiration, à l'abandon des louanges envers le corps humain, et au rejet du macabre moralisant.

Ainsi, les pages que Descartes consacre à la médecine montrent que ce qui est en question dans les considérations sur l'homme inscrites dans le *Discours* et la *Dioptrique*, à partir d'un approfondissement et d'une «redistribution»[66] de thèmes abordés dans le traité non publié (*Le Monde* incluant *L'Homme*), c'est également le changement de statut du discours médical, et la place dévolue à la médecine dans le champ des connaissances. Les explications mécanistes de Descartes, fondées sur les lois de la physique qui inclut la physiologie, et les comparaisons qu'il utilise, aussi bien pour l'explication du mouvement du cœur que pour celle du sens de la vue, introduisent une manière résolument neuve d'envisager les questions médicales. Cette manière novatrice perdure puisque, au moment où philosophes et médecins se retrouvent sur les questions de bioéthique, le nom de Descartes mérite encore d'être cité. C'est Descartes qui, après plusieurs années d'études de la médecine, écrit à Mersenne qu'il «pense connaître l'animal en général, lequel n'(...)est nullement sujet» dans le monde, mais «non pas encore l'homme en particulier, lequel y est sujet»[67].

NOTES

[1] Sur les questions de vocabulaire médical, particulièrement pour l'anatomie et la physiologie du cœur, voir le livre issu de notre thèse, *Le principe de vie chez Descartes*, Paris, Vrin, 1990, p. 57-63. Voir également notre édition du traité de *L'Homme*, publiée avec *Le Monde*, au Seuil, 1996, incluant la présentation de planches anatomiques extraites du *Theatrum anatomicum* de Caspar Bauhin (édition de 1620-1621), dont nous avons traduit les légendes.

[2] *Cf.* par exemple André du Laurens, en accord sur ce thème avec ses confrères. *Cf.L'Histoire anatomique...*, traduction de F. Sizé, Paris, J. Bertault, 1610, livre IX, chap. X, p. 1051 et chap. XI, p. 1062, et l'édition latine de 1600, Francfort, M. Becker, p. 351.

[3] *Cf. L'Histoire anatomique..., op. cit.*, question VII, p. 1068. Harvey évoque cette réflexion de Fracastor, au chapitre I du *De motu cordis*.

[4] Sur tous ces points, voir *Le principe de vie chez Descartes, op. cit.*

[5] *Cf. Le principe de vie chez Descartes, op. cit.*

[6] AT, VI, 50. Dans cette étude, nous renvoyons à l'édition des *Œuvres* de Descartes, publiée par Ch. Adam et P. Tannery (nouvelle présentation par B. Rochot et P. Costabel), Paris, Vrin, tome en chiffres romains, page en chiffres arabes.

[7] *Cf.* lettres à Beverwick du 5 juillet 1643, AT, IV, 4, au marquis de Newcastle, avril 1645, AT, IV, 189. *Cf.* aussi *Les Passions de l'âme*, première partie, art. 7, et la *Description du corps humain*, AT, XI, 239.

[8] *Cf.* Acte II, scène 5.

[9] *Cf.* J. Roger, *Les sciences de la vie dans la pensée française du XVIIIe siècle*, Paris, 1971, p. 43.

[10] *Cf. Prelectiones anatomiae universalis. Cf. Le principe de vie chez Descartes, op. cit.*, troisième partie, introduction.

[11] *Cf.* par exemple Lindeboom, *Descartes and Medicine*, Amsterdam, Rodopi, 1979, p. 70 et 81.

[12] *Cf. Le principe de vie chez Descartes, op. cit.*, p. 187-188, où nous traduisons l'apostrophe de Harvey à Descartes.

[13] *Cf.* AT, II, 525.

[14] Sur ces points, *cf.* mon introduction à l'édition du *Monde* et de *L'Homme* de Descartes, publiée au Seuil, 1996, dont je reprends ici quelques éléments. Voir aussi ma communication « Descartes, Harvey et la médecine de la Renaissance », au colloque international « Descartes et la Renaissance », organisé à Tours et Cheverny, en mars 1996, actes en cours de publication sous la direction d'Emmanuel Faye chez Champion.

[15] Les bois gravés ont donc été transportés d'Italie à Bâle.

[16] *Cf.* Préface, 1543, *op. cit.*, «... emortuam humani corporis partium scientiam »...

[17] *Cf.* Préface, *op. cit.* Dans l'édition de 1555, Vésale remplace « microcosmus » par « parvus mundus ».

[18] Le titre ne doit pas induire en erreur : l'ouvrage de Paaw n'est pas la reprise de l'*Epitome* de Vésale, recueil de grands feuillets comprenant, après un texte très abrégé par rapport à celui de la *Fabrica* de 1543, et présenté sur deux colonnes, neuf grandes planches anatomiques admirables recomposées à partir de celles de la *Fabrica*, et deux dessins originaux représentant l'idéal de beauté d'un homme et d'une femme, et destinés à faire comprendre la division des parties extérieures du corps. Ce *De humani corporis fabrica librorum Epitome*, que Vésale destinait prioritairement aux étudiants, a été préparé après la première édition de la *Fabrica*, et sa parution, également chez Oporinus à Bâle, a été presque simultanée avec celle de la *Fabrica*. Avec Paaw, il s'agit bien plutôt d'un abrégé de petit format, composé à partir de la *Fabrica*, et dont les quelques illustrations s'inspirent, mais avec moins de finesse, de celles de l'illustre modèle. A la réserve de la Biblio-

thèque Interuniversitaire de Médecine de Paris, dans l'Université René Descartes, nous avons eu la joie de consulter l'*Epitome* de Vésale, dont quelques rares exemplaires seulement subsistent dans le monde. Nous y avons également examiné les deux éditions de la *Fabrica*, et le texte de Paaw, relié avec d'autres traités d'inspiration vésalienne, parmi lesquels le *De humani corporis ossibus*, qui présente une planche qui se déplie, tirée de Vésale, mais inversée, le squelette avec la bêche, se détachant désormais sur un paysage plat.

[19] Le tableau est à La Haye (Mauritshuis). Sur ce tableau, voir mon article, «Connaissance de soi, connaissance de Dieu», in les *Etudes Philosophiques*, 1996, n° 4, p. 507-533, et plus particulièrement, p. 522-526. Voir aussi mon introduction à l'édition du *Monde* et de *L'Homme*, au Seuil, dont je reprends ici quelques éléments.

[20] L'édition française de l'*Histoire anatomique*, de Du Laurens, dans la traduction de F. Sizé, Paris, J. Bertault, 1610, indique : «Commencer la section par les parties qui sont le plus sujettes à corruption et pourriture. Partant, il faut premièrement disséquer le bas-ventre, puis la poitrine, puis la tête, et les membres après.» *Cf.* livre I, chapitre IX, *op. cit.*, p. 36.

[21] Voir les exemples que nous donnons dans notre article «Connaissance de soi, connaissance de Dieu», *op. cit.*

[22] *Cf.* William S. Heckscher, *Rembrandt's anatomy of Dr. Nicolaas Tulp*, chap. VIII, New York, 1958, p. 65.

[23] *Cf. Le Principe de vie chez Descartes*, *op. cit.*, p. 195-202. Dans le traité de *L'Homme*, publié avec *Le Monde*, au Seuil, j'ai largement utilisé l'ouvrage de Bauhin, et ai présenté une sélection de planches anatomiques, photographiées sur l'exemplaire de 1620-1621, conservé à la réserve de la Bibliothèque Interuniversitaire de Médecine, pour illustrer le contexte du traité de Descartes.

[24] Avec la représentation du conarion ou glande pinéale, c'est-à-dire l'épiphyse, la fameuse «glande H» du traité de *L'Homme*. Sur ce point, voir *Le principe de vie chez Descartes*, et l'introduction à l'édition de *L'Homme* au Seuil.

[25] *Cf.* lettre à Mersenne du 13 novembre 1639, AT, II, 621.

[26] Cap. IV, p. 25-26 de l'édition originale publiée à Francfort par Fitzer.

[27] *Cf. Prelectiones anatomiae universalis.*

[28] Sur ce point, voir notre article «Descartes, Harvey et la médecine de la Renaissance», *op. cit.*, en cours de publication.

[29] A la fin de la journée du 10 décembre 1996, une exposition de ces ouvrages de médecine et d'éditions originales de Descartes a été organisée à la Réserve de la Bibliothèque interuniversitaire de médecine. Nous remercions les bibliothécaires.

[30] Sur ce point, voir notre communication sur «Médecine et philosophie, tradition et redistribution cartésienne», au XXVIe congrès de l'Association des Sociétés de Philosophie de Langue Française, pour la célébration du quatrième centenaire de la naissance de Descartes, en Sorbonne, 30 août-3 septembre 1996, sur «L'Esprit cartésien», actes en cours de publication.

[31] *Cf. De naturalis scientiae constitutione*, chap. 33.

[32] *Cf. In tres Aristotelis libros de Anima commentarii*, fo. 6v, sur *De Anima* I, texte 2.

[33] *Cf.* W. Pagel, *William Harvey's biological ideas*, S. Karger, Basel, 1967.

[34] *Cf. De motu cordis...*, chap. 6, 8, et 17.

[35] *Cf.* AT, VI, 47.

[36] *Cf.* AT, VI, 48.

[37] *Cf. Dioptrique*, discours X.

[38] *Cf.* mon article sur «Médecine et méthode», à paraître dans les actes du colloque international d'hommage à Marjorie Grene, qui s'est tenu à l'université de Dijon en mai 1995, et dont Jean Gayon et Richard M. Burian, assurent la publication.

[39] AT, VI, 57.
[40] Cf. *Le principe de vie chez Descartes*, op. cit., p. 40.
[41] Cf. *L'Histoire anatomique*, op. cit., p. 1.
[42] Sur les préoccupations médicales dans la sixième méditation, cf. notre *Réponse à Vere Chappell*, sur *L'union substantielle*, dans le recueil, *Descartes, Objecter et Répondre*, sous la dir. de J.-L. Marion et J.-M. Beyssade, Paris, PUF, 1994, p. 435.
[43] *Institutiones anatomicae*, 1632, *Anatome quartum renovata*, 1677.
[44] Cf. *Méditations métaphysiques*, AT, IX-1, 19, et VII, 24.
[45] Cf. *Discours de la méthode*, AT, VI, 59.
[46] Cf. *Passions de l'âme*, art. 2 et 6, et Préface de la *Description du corps humain*.
[47] Cf. *Discours*, AT, VI, 41, et *Le Monde*, fin du chapitre VI et chapitre VII, ainsi que les lettres à Mersenne des 15 avril et 6 mai 1630.
[48] Sur la «circulation des esprits animaux», voir *Le principe de vie chez Descartes*, op. cit., p. 191-209.
[49] Cf. *Le Monde*, chapitre IV, AT, XI, 19.
[50] Cf. *Le Monde*, chapitre V, (et note 61, p. 72 dans l'édition publiée au Seuil à l'automne 1996), et les *Principes de la philosophie*, II, art. 33, III, art. 30, 33, 46.
[51] Cf. *Principes de la philosophie*, IV, 65.
[52] Cf. *Le Monde*, début du chapitre VII.
[53] *Le Monde*, AT, XI, 107, 109 et 110.
[54] Sur ce point, voir mon introduction au *Monde* et à *L'Homme* de Descartes, publiée au Seuil, op. cit.
[55] Cf. Du Laurens, *L'Histoire anatomique*, op. cit., livre XI, chap. 8. Cf. également *L'Anthropographie* — texte paru en latin en 1618 —, livre IV, traduction de P. Constant, Paris, D. Moreau, 1629, p. 592-595.
[56] Cf. lettre du 31 mars 1638, AT, II, 86.
[57] Cf. *Paralipomènes à Vitellion*, chap. V, 2, traduction, Paris, Vrin, 1980, p. 317.
[58] Cf. *De partibus animalium*, IV, 10, 687 a 5-24, et *De l'âme*, III, 8, 432 a 1. Cf. Bauhin, *Theatrum anatomicum*, lib. IV, cap. 1, p. 1031 en 1605 et p. 548 en 1621, et du Laurens, *L'Histoire anatomique*, livre XI, chap. 3, p. 1397.
[59] Cf. *De usu partium*, tout le livre I. Cf. aussi livre II, livre III, chap. 1, et 10, et le livre XVII, chap. 1.
[60] Cf. lettres de Froidmont (Fromondus) à Plempius, 13 septembre 1637, AT, I, 406, de Descartes à Plempius pour Fromondus, 3 octobre 1637, AT, I, 420, et *Principes*, IV, art. 196.
[61] *L'Histoire anatomique*, op. cit., livre I, chap. I, III, V et VI, respectivement p. 1, 13 et 21-28.
[62] Cf. leçon d'anatomie du Dr Paaw à Leyde, gravure de F. de Wit, d'après J.C. Woudanus (van't Woudt), (1570-1615), et Théâtre d'anatomie de Leyde, gravure de Willem Swanenburgh (1581-1612), à nouveau d'après J.C. Woudanus. La seconde gravure montre l'amphithéâtre (au moment où la première phase de la dissection est achevée), comme «Kunst und Wunderkammer». Cf. Leiden, Akademisch Historisch Museum.
[63] L'amphithéâtre de Leyde a été construit en 1597, sur l'emplacement du chœur d'une église, quelques années après celui de Padoue.
[64] Sur ces gravures, de 1609 et 1610, comme avant sur le tableau de Rembrandt, voir notre article «Connaissance de soi, connaissance de Dieu», op. cit.
[65] Cf. *Le principe de vie chez Descartes*, op. cit., p. 135; et nos notes à l'édition du *Monde* et de *L'Homme*, parue au Seuil, op. cit.
[66] Cf. notre introduction au *Monde* et à *L'Homme*, publiée au Seuil, op. cit., p. XXXV-XXXVIII.
[67] Cf. lettre à Mersenne, 20 février 1639, AT, II, 525.

Chapitre 3
La révolution cartésienne en géométrie

Enrico Giusti
Professeur à l'université de Florence

La *Géométrie*, le dernier des essais qui accompagnent le *Discours de la méthode* se présente, dès sa parution, comme un ouvrage difficile. Descartes lui-même d'ailleurs en prévient son lecteur, en lui proposant «en avertissement» sa propre version du οὐδείς ἀγεωμέτρητος εἰσίτω :

> Iusques icy i'ay tasché de me rendre intelligible a tout le monde; mais, pour ce traité, ie crains, qu'il ne pourra estre leu que par ceux, qui sçavent desia ce qui est dans les livres de Geometrie : car, d'autant qu'ils contienent plusieurs verités fort bien demonstrées, i'ay creu qu'il seroit superflus de les repeter, & n'ay pas laissé, pour cela, de m'en servir.[1]

La raison de cette difficulté est évidente : la *Géométrie* n'est pas une œuvre qu'on puisse insérer dans un système préexistant. Le changement de perspective qu'elle engendre est si radical que, pour la comprendre, il est nécessaire de connaître les livres de géométrie précédents, mais aussi de se dépouiller de toute idée reçue, et de se livrer entièrement aux nouvelles méthodes qu'elle introduit. Cela n'est pas une tâche facile, car

> c'est une chose qui ne se peut faire que la plume à la main, & suivant tous les calculs qui y sont, lesquels peuvent sembler d'abord difficiles, à cause qu'on n'y est pas accoustumé, mais il ne faut que peu de jours pour cela.[2]

«Peu de jours» de Descartes peuvent représenter un temps considérable pour les autres, car la *Géométrie*

> lectores non modo peritos eorum omnium quae hactenus in Geometriâ et Algebrâ cognita fuere, sed etiam valdè laboriosos, ingeniosos & attentos desiderat.[3]

A ces lecteurs — très peu nombreux, il l'avoue — Descartes réserve une matière tout à fait nouvelle, écrite avec des notations personnelles qui seulement plus tard, grâce aussi à ces lecteurs mêmes, deviendront d'usage commun, et avec une concision inouïe pour son temps, un livre nouveau et difficile, que parfois Descartes rend plus difficile que nécessaire :

> Ma Geometrie est comme elle doit estre pour empecher que le Rob[erval] & ses semblables n'en puissent medire sans que cela tourne a leur confusion; car ils ne sont pas capables de l'entendre, & ie l'ay composée ainsy tout a dessein, en y omettant ce qui estoit le plus facile, & n'y mettant que les choses qui en valoient le plus la peine. Mais ie vous avoüe que, sans la consideration de ces esprits malins, ie l'aurois escrite tout autrement que ie n'ay fait, & l'aurais renduë beaucoup plus claire; ce que ie peutestre encore quelque iour, si ie voy que ces monstres soient assez vaincus ou abaissez.[4]

Ce jour n'est jamais arrivé. Les éditions successives de la *Géométrie*, en particulier la traduction latine de Franz Schooten, que Descartes n'a pas voulu corriger, de peur de «la rendre plus claire qu'elle n'est», ont eu besoin de nombre d'introductions et de notes pour en faciliter la lecture; encore au XVIIIe siècle, l'édition du père Rabuel comptait presque 600 pages. Aujourd'hui ces difficultés techniques sont dépassées, et on peut lire la *Géométrie* sans craindre de ne pas arriver à en saisir le contenu mathématique. Mais, si le progrès des mathématiques a simplifié la lecture scientifique de l'œuvre de Descartes, il en a compliqué la compréhension historique : son contenu nous est devenu tellement familier qu'il nous est maintenant difficile d'imaginer à quel point elle a bouleversé l'univers géométrique du XVIIe siècle.

Dans mon exposé, sans insister plus qu'il n'est nécessaire sur les détails techniques, j'examinerai le contenu scientifique de l'œuvre géométrique cartésienne, et chercherai à mettre en évidence ses principaux caractères de nouveauté.

1. UNE GÉOMÉTRIE DE COURBES

Un aspect de la *Géométrie* saute immédiatement aux yeux du lecteur, même de celui qui n'a pas la plume à la main : la *Géométrie* est une géométrie de courbes. Pour être exact, on ne doit pas dire seulement que les courbes jouent le rôle principal dans la géométrie cartésienne, car en fait elles occupent toute la scène et jouent tous les rôles possibles : elles sont à la fois solutions de problèmes, instruments de recherche, et objets d'investigation.

Des solutions de problèmes; en premier lieu du *problème de Pappus*, une véritable pierre de touche sur laquelle on essaiera la valeur des nouvelles méthodes et de leurs concurrentes. La question est la suivante : certaines lignes droites étant données, il s'agit de

> trouver un point, comme *C*, duquel ayant tiré d'autres lignes droites sur les données, comme *CB*, *CD*, *CF*, & *CH*, en sorte que les angles *CBA*, *CDA*, *CFE*, *CHG*, &c., soient donnés, & que ce qui est produit par la multiplication d'une partie de ces lignes soit esgal a ce qui est produit par la multiplication des autres.[5]

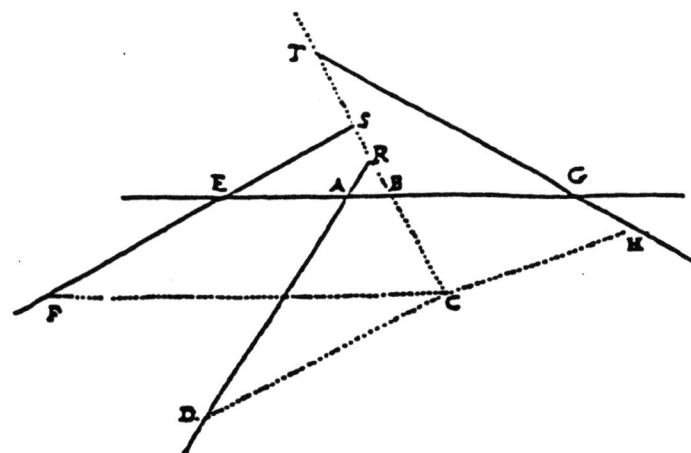

En une forme légèrement simplifiée, dans le cas par exemple de six lignes, on demande de trouver un point, «comme *C*», tel que le produit de ses distances aux trois premières lignes soit égal au produit de ses distances aux autres. Nous avons ici un problème indéterminé, car «il y a tousiours une infinité de divers poins qui peuvent satisfaire a ce qui est icy demandé». La solution est donc une courbe, qu'on doit individualiser et tracer.

Le problème remonte à Euclide et Apollonius. On apprend de Pappus que ce dernier en avait donné une solution dans le cas de trois ou quatre lignes qui, dans ce cas,

> est une des trois sections coniques, mais il n'entreprend point de la déterminer, ny de la descrire. Non plus que d'expliquer celles ou tous ces poins se doivent trouver, lorsque la question est proposée en un plus grand nombre de lignes.[6]

Un premier succès des méthodes cartésiennes sera la solution générale du problème. Comme Descartes l'écrira à Mersenne,

> des le commencement i'y resous une question, qui par le témoignage de Pappus n'a pû estre trouvée par aucun des anciens; & l'on peut dire qu'elle ne l'a pû estre non plus par aucun des modernes, puis qu'aucun n'en a écrit, & que neantmoins les plus habiles ont tasché de trouver les autres choses que Pappus dit au mesme endroit avoir esté cherchées par les anciens.[7]

Deuxièmement, les courbes sont un instrument de recherche car, «par leur moyen», on peut résoudre toutes les équations de degré arbitraire.

La construction géométrique des racines d'une équation du second degré (bref, la construction des équations) était connue des mathématiciens arabes, et même d'Euclide, si on attribue au deuxième livre des *Eléments* le caractère d'une algèbre déguisée en langage géométrique. Dans ce cas, les racines peuvent être construites au moyen de la règle et du compas ou, si on veut, par l'intersection d'une droite et d'une circonférence, comme Descartes le montre lui-même dans le premier livre de la *Géométrie*. A l'Antiquité remonte aussi le problème de Delos ou de la duplication du cube, qui conduit à une équation particulière du troisième degré, au moyen de l'intersection de deux paraboles. Les géomètres arabes avaient résolu par la même méthode les équations générales du troisième degré.

Dans le troisième livre de la *Géométrie*, Descartes montre comment on peut construire les solutions d'une équation d'un degré quelconque par l'intersection d'une circonférence et d'une courbe fixe convenablement choisie qui, dans le cas du troisième et du quatrième degré, est une parabole.

Enfin, les courbes sont des objets de recherche. Car une fois qu'on aura trouvé une courbe comme solution d'un certain problème, il faudra l'étudier pour en trouver les propriétés principales. Dans le deuxième livre, Descartes donne une méthode générale pour trouver la tangente à une courbe quelconque ; un problème qui aura des développements importants, qui conduiront un demi-siècle plus tard à l'invention du calcul infinitésimal.

La prééminence des courbes représente un point de vue nouveau dans la géométrie de la première moitié du XVIIe siècle. Certes, les courbes étaient étudiées par les géomètres, qui avaient ajouté de nouvelles propriétés aux lignes connues des anciens, et en avaient considéré de nouvelles, comme la cycloïde, introduite par Galilée quelques années auparavant et qui, lorsque Descartes publie sa *Géométrie*, commençait déjà à devenir objet de controverse. Mais il s'agissait toujours d'études fragmentaires, qui n'avaient rien du caractère organique qu'elles trouveront après la présentation de la *Géométrie*. En effet, plus que les courbes, l'objet principal d'investigation géométrique étaient les figures ; figures planes ou solides dont Luca Valerio[8] avait abordé la recherche des centres de gravité, et dont Bonaventura Cavalieri, qui avait publié sa *Geometria indivisibilium*[9] seulement deux ans avant la parution de la *Géométrie*, avait calculé les aires et les volumes.

Toutes ces études se situent dans le courant de la tradition archimédienne, une géométrie dont le propos principal est la mesure des aires, des volumes, des centres de gravité. Au contraire, la *Géométrie* de Descartes est plutôt une géométrie de position, où la mesure n'intervient que pour déterminer la position des points, dans le sens que nous trouvons tout au début de la *Géométrie* :

> Tous les Problemes de Geometrie se peuvent facilement reduire a tels termes, qu'il n'est besoin par après que de connoistre la longeur de quelques lignes droites pour les construire.[10]

Ce caractère de la construction cartésienne a été bien saisi par Leibniz, qui dans les premières lignes d'un texte qui, d'après Gerhardt, devait constituer l'introduction à un traité sur la *Scientia infiniti*, écrit :

> Geometriae duae sunt partes, toto genere a se invicem diversae, altera Apollonio magis, altera Archimedi tractata, prior solam rectilineorum magnitudinum adhibet, curvarum autem tantum positionem quippe rectarum magnitudine determinatam, posterior ipsas curvas metitur aut ea certe determinat quae inde pendent. Itaque illam magis determinatoriam, hanc magis dimensoriam dicere posses.[11]

La *Géométrie* de Descartes s'inscrit dans le cadre de cette géométrie apollonienne de détermination.

2. MAIS PAS DE TOUTES LES COURBES

Si la *Géométrie* est une géométrie de courbes, elle ne l'est pas de toutes les courbes. En effet, nous dit Descartes, il y a des courbes géométriques (comme les sections coniques, la cissoïde, etc.) qui relèvent du domaine de son «calcul géométrique» et qui pourtant peuvent être reçues en géométrie, et d'autres courbes, les mécaniques (comme la spirale, la quadratrice, et d'autre semblables), qui ne font pas partie de la géométrie, et doivent en être exclues.

Mais comment distinguer les courbes géométriques des autres qui ne le sont pas? Ici Descartes semble moins clair que d'habitude, et nous donne plusieurs critères de sélection, dépendant du mode de génération des courbes.

Ainsi, pour les courbes qui sont tracées par des machines en mouvement, on acceptera celles qui peuvent être décrites par un seul mouvement continu, indépendamment de la complexité de leur description :

> on ne doit pas plutost exclure les lignes les plus composées que les plus simples, pourvû qu'on les puisse imaginer estre descrite par un mouvement continu, ou par plusieurs qui s'entresuivent & dont les derniers soient entierement reglés par ceux qui les precedent[12]

mais on rejettera celles qui demandent deux mouvements indépendants :

> la Spirale, la Quadratrice, & semblables n'appartiennent veritablement qu'aux Mechaniques, et ne sont point du nombre de celles que ie pense devoir icy estre receues, a cause qu'on les imagine descrites par deux mouvements separés, & qui n'ont entre eux aucun raport qu'on puisse mesurer exactement.[13]

Pour les courbes dont la construction demande des fils, nous apprenons qu'elles aussi peuvent être classées parmi les géométriques :

> on ne doit reietter non plus celle ou on se sert d'un fil, ou d'une chorde repliée, pour determiner l'esgalité ou la difference de deux ou plusieurs lignes droites qui peuvent estre tirées de chasque point de la courbe qu'on cherche, a certains autres poins, ou sur certaines autres lignes, a certains angles, ... encore qu'on n'y puisse recevoir aucunes lignes qui semblent a des chordes, c'est a dire qui devienent

tantost droites & tantost courbes, a cause que, la proportion qui est entre les droites & les courbes n'estant pas connuë & mesme, ie croy, ne le pouvant estre par les hommes, on ne pourroit rien conclure de là qui fust exact & assuré.[14]

Enfin, on peut construire une courbe en trouvant un nombre arbitraire de ses points. Pour ces courbes aussi il y a un critère de sélection à première vue un peu obscur, mais qui deviendra plus clair dans la suite. On acceptera celles dont on peut trouver indifféremment chaque point; et au contraire on exclura celles, comme la quadratrice et la spirale, dont on peut construire seulement des points particuliers, bien qu'infinis en nombre.

> Mesme il est a propos de remarquer, qu'il y a grande difference entre cete façon de trouver plusieurs poins pour tracer une ligne courbe, & celle dont on se sert pour la spirale & ses semblables : car par cete derniere, on ne trouve pas indifferemment tous les poins de la ligne qu'on cherche, mais seulement ceux qui peuvent estre determinés par quelque mesure plus simple que celle qui est requise pour la composer, & ainsi, a proprement parler, on ne trouve pas un de ses poins.[15]

On ne peut pas éviter de remarquer le caractère composite, et souvent ambigu, de ces règles de sélection. Car par exemple, comment le mouvement d'un cercle qui décrit une cycloïde serait-il composé de deux mouvements indépendants ? Et d'autre part, devrait-on exclure la parabole des lignes géométriques à cause du fait que — comme Galilée le remarquerait l'année suivante dans ses *Discorsi*[16] — elle peut être décrite par deux mouvements, l'un uniforme et l'autre uniformément accéléré ?

Mais il y a une autre question, encore plus importante pour comprendre la portée de la révolution cartésienne :

3. POURQUOI EXCLURE ?

Pour répondre, il faut faire un petit pas en arrière.

Le seizième siècle avait vu la publication des principaux ouvrages classiques. En effet, les *Eléments* d'Euclide avaient paru déjà au siècle précédent, à l'aube de l'imprimerie. Mais ce n'est qu'au XVIe siècle que les classiques voient finalement le jour, après des siècles de diffusion manuscrite dont on ne saurait facilement apprécier l'étendue, mais qui — exception faite pour les *Eléments* — ne pouvait dépasser la dizaine d'exemplaires.

A la fin du siècle, l'appropriation définitive de la géométrie grecque — Euclide, Archimède et Apollonius en premier lieu — s'est achevée; les mathématiciens ont à leur disposition un *corpus* de textes qui constitueront désormais un langage commun et contribueront de façon déterminante à la formation d'une communauté scientifique. Dans le même temps, s'impose aussi la conscience que les méthodes classiques en géométrie, limitées par l'usage exclusif de la règle et du compas, étaient trop étroites pour permettre d'avancer systématiquement au-delà des bornes établies par les géomètres grecs.

D'où la tentative de franchir ces limites en introduisant de nouveaux instruments en plus de ceux déjà acquis; des instruments mentaux, définis par des postulats convenablement choisis par lesquels on pourrait accomplir ce que les géomètres classiques, qui n'avaient «pas aussy entierement receu les sections coniques en leur Geometrie»[17], s'étaient interdits par leur réticence à se servir d'instruments autres que la règle et le compas.

Les exemples sont nombreux. Au XVIe siècle encore, Luca Valerio, dans son *Subtilium indagationum Liber*[18], introduisait le fil à plomb (le *perpendiculum*) pour déterminer le centre de gravité des figures planes, puis pour trouver la quadrature du cercle et de l'hyperbole. Le postulat suivant règle l'usage de ce nouvel instrument :

> Recta mobilis in uno puncto suspensa ad perpendiculum & posita ita ut congruat perpendiculo, a pondere ad eam suspenso, & perpendicularem impetum facientem, non movetur.[19]

Plus explicitement, François Viète propose d'ajouter à la règle et au compas une troisième opération, la νεῦσις d'Apollonius :

> Ad supplendum Geometriae defectum, concedatur :
> A quovis puncto ad duas quasvis lineas rectam ducere, interceptam ab iis praefinito possibili quocumque intersegmento.[20]

dont il se sert pour résoudre les problèmes de l'insertion de deux moyennes proportionnelles (et donc pour donner la duplication du cube)[21], de la trisection de l'angle[22], et de la construction de l'heptagone régulier[23].

De son côté, Descartes propose dans ses *Cogitationes privatae*[24] un compas, qu'on retrouvera plus tard dans la *Géométrie*, grâce auquel il résoud toute équation du troisième degré.

Une situation semblable se manifeste dans le domaine de la géométrie des courbes.

Les grecs ne connaissaient que des courbes «nommées». En d'autres termes, des courbes particulières, dont on pouvait donner une construction ou du moins une description spécifique, qui ne convenait qu'à elle et à aucune autre. Les plus simples de ces courbes étaient naturellement la droite et la circonférence, qui étaient construites par la règle et le compas; une construction réglée au moyen des postulats du premier livre des *Eléments*. ce sont les seules courbes de la géométrie classique qui jouent les trois rôles dont on a parlé plus haut : solutions de problèmes, outils de recherche, objets d'investigation.

Les autres courbes classiques, que les anciens n'avaient pas «entierement receu en leur Geometrie» car ils s'interdisaient leur usage comme outils de recherche, sont les sections coniques, produites par l'intersection d'un cône avec un plan[25], et un certain nombre de courbes particulières, dont l'invention semble due plus au hasard qu'à une investigation spécifique : la spirale, la quadratrice, la conchoïde, la cissoïde et quelques autres encore plus particulières, qui sont toutes introduites par leur mode de génération.

A ces courbes, les modernes avaient ajouté la cycloïde, et Descartes lui-même en ajoute d'autres, obtient par le même compas dont il s'était servi pour la solution de l'équation du troisième degré.

Mais il n'y a pas de compas universel. Une nouvelle machine ne ferait qu'ajouter une nouvelle courbe, sans changer la situation globale; et d'autre part à une multiplicité d'instruments et de constructions ne pourrait que correspondre une pareille multiplicité de recherches et de méthodes.

Le but de Descartes est tout autre : la création d'une méthode unique qui s'appliquerait à tous les problèmes; un calcul géométrique qui seul permettrait de maîtriser la géométrie toute entière, et avec lequel on pourrait aller facilement au delà des problèmes plans et solides de la géométrie classique :

> Mais pourceque i'espere que dorenavant ceux qui auront l'adresse de se servir du calcul Geometrique icy proposé, ne trouveront pas assés de quoy s'arester touchant les problesmes plans ou solides, ie croy qu'il est a propos que ie les invite a d'autres recherches, où ils ne manqueront iamais d'exercice.[26]

Pour cela, aucune machine et aucun compas ne pourraient suffire. Il faut regarder ailleurs.

4. LE CALCUL GÉOMÉTRIQUE

La réponse vient d'un autre critère de sélection, que Descartes avait proposé avec les autres, mais qui contrairement aux autres est univoque et universel :

> Ie pourrois mettre icy plusieurs autres moyens pour tracer & conceuoir des lignes courbes qui seroient de plus en plus composées par degrés a l'infini. Mais, pour comprendre ensemble toutes celles qui sont en la nature, & les distinguer par ordre en certains genres, ie ne sçache rien de meilleur que de dire que tous les poins de celles qu'on peut nommer Geometriques, c'est a dire qui tombent sous quelque mesure precise & exacte, ont necessairement quelque rapport a tous les poins d'une ligne droite, qui peut estre exprimé par quelque equation, en tous par une mesme.[27]

Voilà donc le moyen de se débarrasser d'une suite infinie de constructions particulières, et de comprendre d'un seul coup toutes les courbes qui procèdent du calcul géométrique, et les distinguer des courbes mécaniques, qui ne sont pas à admettre en géométrie. Les premières sont celles qui peuvent être exprimées par une équation, tandis que les autres, n'en ayant pas, ne peuvent être définies que par des conditions particulières[28]. Les unes seront assujetties à un calcul général, les autres devront êtres étudiées séparément.

Une fois établie la correspondance entre courbe et équation, les trois aspects des courbes dans la *Géométrie* — solutions, instruments, objets — deviennent des expressions différentes d'un seul et même calcul.

En premier lieu, Descartes trouve la solution générale du problème de Pappus. Nous en donnerons une version simplifiée, qui s'appuie sur le fait que si

$$a_i X + b_i Y + c_i = 0$$

est l'équation de la i-ème droite r_i, avec $a_i^2 + b_i^2 = 1$, alors la distance du point $C = (x, y)$ à la droite r_i est

$$d(C, r_i) = |a_i x + b_i y + c_i|.$$

Si donc, dans le cas de quatre lignes, on impose que le produit des distances aux deux premières droites soit égal au produit des distances aux dernières, on aura

$$|(a_1x + b_1y + c_1)(a_2x + b_2y + c_2)| = |(a_3x + b_3y + c_3)(a_4x + b_4y + c_4)|$$

et donc

$$(a_1x + b_1y + c_1)(a_2x + b_2y + c_2) = \pm(a_3x + b_3y + c_3)(a_4x + b_4y + c_4).$$

La solution est donc constituée en général de deux sections coniques, dont Descartes ne trouve que celle qui correspond au signe + dans l'équation précédente. Il est aisé de voir que dans le cas de $2n - 1$ ou $2n$ lignes, on est conduit à deux courbes dont l'équation est de degré n. Comme dans le cas précédent, Descartes n'en trouve qu'une.

Mais ce qui importe davantage, c'est que le problème de Pappus n'est résolu dans sa généralité que si l'on accepte que l'équation précédente — ou son analogue dans le cas de $2n$ lignes — soit la solution du problème; à savoir, si on identifie une courbe avec son équation.

C'est aussi à partir de l'équation qu'on peut donner une méthode générale de construction des courbes géométriques, en la réduisant à la construction des solutions d'une équation, ce qu'on peut faire en utilisant les techniques envisagées dans le troisième livre.

> De plus, a cause que, pour déterminer le point C, il n'y a qu'une seule condition qui soit requise, ... on peut prendre a discretion l'une des deux quantités inconnues x ou y, & chercher l'autre par cete Equation.... Mesme prenant sucessivement infinies diverses grandeurs pour la ligne y, on en trouvera aussy infinies pour la ligne x; & ainsi on aura une infinité de divers poins, ... par le moyen desquels on descrira la ligne courbe demandée.[29]

On comprend maintenant le sens de la distinction entre courbes géométriques, pour lesquelles on peut trouver indifféremment tous les points, et celles, comme la quadratrice ou la spirale, dont on ne peut trouver que des points particuliers. Car si la courbe est donnée par une équation, on peut prendre une des variables de façon complètement arbitraire, et trouver l'autre par l'équation de la courbe. Au contraire, si la courbe n'a pas d'équation, on pourra trouver un nombre infini de ses points, mais pas tous indifféremment. C'est le cas par exemple de la quadratrice, dont on construit facilement à la règle et au compas tous les points qui correspondent à la division itérée du quadrant en deux parties égales, mais pas les autres.

Enfin, le dernier aspect du calcul cartésien, et celui qui a donné le plus d'impulsion aux développements ultérieurs, est la considération des courbes en tant qu'objets de recherche. Là aussi, il ne s'agit pas d'étudier telle ou telle courbe, mais plutôt de mettre en place une méthode générale qui puisse s'appliquer à l'étude des courbes particulières.

Dans ce domaine, le problème le plus important est celui des tangentes, ou, ce qui est équivalent, des normales à une courbe. Pour Descartes, il s'agit d'un problème capital, car une fois résolu, il permet de réduire la recherche des propriétés des courbes à celles de lignes droites convenables.

> C'est pourquoy ie croyray avoir mis icy tout ce qui est requis pour les elemens des lignes courbes, lorsque i'auray generalement donné la façon de tirer des lignes droites qui tombent a angles droits sur tels de leurs poins qu'on voudra choisir. Et i'ose dire que c'est cecy le problesme le plus utile & le plus general non seulement que ie sçache, mais mesme que i'aye iamais desiré de sçavoir en Geometrie.[30]

La solution de Descartes est bien connue, et on n'aura pas besoin de s'y attarder plus que nécessaire. Comme on l'a dit, Descartes cherche la droite normale à une courbe en un de ses points $C = (x_0, y_0)$. Pour cela, il lui suffit de trouver un cercle tangent à la courbe en C; son rayon sera la normale cherchée.

Descartes prend le centre de ce cercle sur l'axe des abscisses. Si l'on désigne par $u = OP$ l'abscisse du centre et par $s = CP$ son rayon, l'équation du cercle sera

$$(x-u)^2 + y^2 = s^2.$$

Soit maintenant $P(x, y) = 0$ l'équation de la courbe. Une fois éliminée une des variables, par exemple y, dans le système

$$\begin{cases} P(x,y) = 0 \\ (x-u)^2 + y^2 = s^2 \end{cases}$$

on obtiendra une équation en x, de la forme

$$Q(x) = 0$$

qui, compte tenu du fait que la courbe et le cercle doivent passer par le point C, aura une racine $x = x_0$.

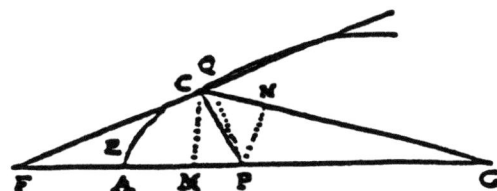

> Or, après qu'on a trouvé une telle équation, au lieu de s'en servir pour connoistre les quantités x ou y qui sont desia données, puisque le point C est donné, on la doit employer a trouver u ou s, qui determinent le point P qui est demandé. Et, a cet effect, il faut considerer que, si ce point P est tel qu'on le desire, le cercle dont il sera le centre & qui passera par le point C, y touchera la ligne courbe CE sans la coupper; mais que, si ce point P est tant soit peu plus proche ou plus esloigné du point A qu'il ne doit, ce cercle couppera la courbe, non seulement au point C, mais aussy, necessairement, en quelque autre.[31]

En général donc, le cercle coupera la courbe en un autre point différent de C, et par conséquent l'équation $Q(x) = 0$ aura aussi une deuxième racine x_1, qui sera d'autant plus proche de x_0 que les deux points d'intersection seront voisins, de façon que

> elles sont entierement esgales, s'ils sont tous deux ioins en un, c'est a dire si le cercle qui passe par C y touche la courbe CE sans la coupper.[32]

En conclusion, le cercle est tangent à la courbe donnée quand le polynôme $Q(x)$ a deux racines égales, ou si l'on veut une racine x_0 double. Or, nous dit Descartes,

> il faut considerer que, lorsqu'il y a deux racines esgales en une equation, elle a necessairement la mesme forme que si on multiplie, par soy mesme, la quantité qu'on y suppose estre inconnuë, moins la quantité connuë qui luy est esgale; & qu'aprés cela, si cete derniere somme n'a pas tant de dimensions que la precedente, on la multiplie par une autre somme qui en ait autant qu'il luy manque : affin qu'il puisse y avoir separement equation entre chascun des termes de l'une & chascun des termes de l'autre.[33]

La condition de tangence s'écrit donc sous la forme

$$Q(x) = (x - x_0)^2 R(x),$$

où $R(x)$ est un polynôme inconnu, d'un degré inférieur de deux au degré de $Q(x)$.

De cette équation, en égalant un à un les termes correspondants, on obtiendra un nombre de relations qui dépasse d'une unité le degré de $Q(x)$, d'où l'on pourra tirer les coefficients du polynôme inconnu $R(x)$, et les valeurs u et s, qui donnent le centre et le rayon du cercle tangent.

Il est évident qu'on a ici une méthode générale, qui s'applique indifféremment à toutes les courbes, pourvu qu'elles puissent être décrites par un polynôme. Une méthode qui, simple du point de vue conceptuel, met en place une procédure complexe, demandant d'abord l'élimination d'une inconnue entre deux équations, et ensuite la résolution d'un système d'équations de dimension assez élevée. Il s'agit de deux caractéristiques qui donneront lieu à de nombreuses études visant d'un côté à la simplification des calculs, et de l'autre à l'extension de la méthode aux courbes non polynomiales, en particulier à celles dont l'équation contient des racines. Ces recherches aboutiront enfin à l'invention du calcul infinitésimal.

Mais cela appartient à l'histoire ultérieure de la *Géométrie*. Ce qui nous intéresse ici, ce sont tous les succès de la méthode cartésienne : la solution du problème de Pappus, la construction des équations, la construction et la classification des courbes qui en résultent, et enfin «le problesme le plus utile, & le plus general... en géométrie», celui des tangentes; tous ces succès sont liés à la relation étroite, voire à l'identification, entre une courbe et son équation. C'est là le principal changement de perspective opéré dans les mathématiques par l'œuvre de Descartes; la véritable révolution cartésienne en géométrie.

5. BIBLIOGRAPHIE

Sans prétendre être exhaustifs, nous signalons ici quelques études récentes sur la *Géométrie* de Descartes.

Battail J.F., La réception du *Discours de la méthode* en Scandinavie, in *Problématique et réception du Discours de la méthode et des Essais*, Paris, Vrin, 1988.

Bos H.J.M., On the representation of curves in Descartes' Géométrie, *Arch. Hist. Ex. Sci.*, 24 (1981), 295-338.

Bos H.J.M., Argument on motivations in the rise and decline of a mathematical theory; the «Construction of Equations», 1639-ca. 1750, *Arch. Ex. Sci.*, 30 (1984), 331-380.

Bos H.J.M., The structure of Descartes' Géométrie, in *Descartes, il metodo e i saggi*, Atti del convegno per il 350mo anniversario della pubblicazione del *Discours de la méthode*, Roma, 1990.

Costabel P., La réception de la *Géométrie* et les disciples d'Utrecht, in *Problématique et réception du Discours de la méthode et des Essais*, Paris, Vrin, 1988.

Giusti E. Numeri, grandezze e *Géométrie, in Descartes, il metodo e i saggi*, Atti del convegno per il 350mo anniversario della pubblicazione del *Discours de la méthode*, Roma, 1990.

Grosholz E.R., Descartes' unification of algebra and geometry, *in Descartes : Philosophy, mathematics and physics*, Brighton, Harvester Press, 1980.

Israel G., Dalle Regulae alla Geometria, *in Descartes, il metodo e i saggi*, Atti del convegno per il 350mo anniversario della pubblicazione del *Discours de la méthode*, Roma, 1990.

Jullien V., Descartes. La *Géométrie* de 1637, Paris, PUF, 1996.

Lenoir T., Descartes and the geometrization of thought : the metodological background of Descartes' *Géométrie*, *Hist. Math.*, 6 (1979), 355-379.

Mahoney M.S., The beginning of the algebraic thought in the seventeenth century, *in Descartes : Philosophy, mathematics and physics*, Brighton, Harvester Press, 1980.

Molland A.G., Shifting the foundations : Descartes' transformation of ancient geometry, *Hist. Math.*, 3 (1976), 21-49.

Pepe L., Note sulla diffusione della *Géométrie* in Italia, *Boll. Storia Sci. Mat.*, 2 (1982), 249-188.

Pepe L., La *Géométrie* in Italia nel secolo XVII : un confronto con l'Europa, *in Descartes, il metodo e i saggi*, Atti del convegno per il 350mo anniversario della pubblicazione del *Discours de la méthode*, Roma, 1990.

Schuster J., Descartes' mathesis universalis; 1618-1628, *in Descartes : Philosophy, mathematics and physics*, Brighton, Harvester Press, 1980.

Serfati M., Les compas cartésiens, *Archives de philosophie*, 56 (1993), 197-230.

Vuillemin J., Mathématiques et métaphysiques chez Descartes, Paris, PUF, 1960.

NOTES

[1] *Œuvres de Descartes* publiées par C. Adam et P. Tannery, vol. VI, page 368. Dans la suite, on indiquera cette édition par le sigle AT, suivi du numéro du volume et de celui de la page.

[2] Descartes à Fournier (?), octobre 1637; AT, I, 457.

[3] Descartes à Plempius, 3 octobre 1637; AT, I, 411 : «Demande des lecteurs non seulement experts en tout ce qui est connu jusqu'ici en géométrie et en algèbre, mais aussi très laborieux, ingénieux et diligents».

[4] Descartes à Mersenne, 4 avril 1648; AT, V, 142.

[5] AT, VI, 382.

[6] AT, VI, 380.

[7] Fin décembre 1637. AT, I, 478.

[8] *De centro gravitatis solidorum libri tres*, Roma, Bonfadini, 1604.

[9] Le titre exact est *Geometria indivisibilibus continuorum nova quadam ratione promota*, Bologna, Ferroni, 1635.

[10] AT, VI, 369.

[11] C.I. Gerhardt, *Zum zweihundertjärigen Jubiläum der Entdeckung des Algorithmus der höheren Analysis durch Leibniz*, Monatsber. Kön. Akad. der Wiss. Berlin, 1875, page 595 : «La géométrie se compose de deux parties tout à fait différentes; l'une fut plutôt traitée par Apollonius, l'autre plutôt par Archimède. La première n'utilise que la grandeur des

droites, et détermine toujours la position des courbes par la grandeur des droites. La seconde mesure la quantité des courbes elles-mêmes, ou bien détermine avec certitude les choses qui en dépendent. C'est pourquoi l'on dira plutôt que l'une est une géométrie de détermination, et l'autre une géométrie de la mesure.»

[12] AT, VI, 389-390.
[13] AT, VI, 390.
[14] AT, VI, 412.
[15] AT, VI, 411.
[16] *Discorsi e dimostrazioni matematiche intorno a due nuove scienze*, Leyde, Elzevier, 1638.
[17] AT, VI, 389.
[18] Roma, Zannettum, 1582.
[19] *Subtilium indagationum Liber*, page 12 : «Une droite mobile, suspendue verticalement par un point et adaptée au fil à plomb, ne sera pas déplacée par un poids suspendu à elle, et exerçant sur elle une impulsion verticale.»
[20] *Supplementum geometriae*, réimprimé dans *Francisci Vietae Opera Mathematica*, Leyde, Elsevier, 1646, page 240 : «Pour suppléer au défaut de la géométrie, on demande : qu'il soit possible de tirer d'un point quelconque à deux lignes quelconques une ligne droite, sur laquelle les deux lignes coupent un segment quelconque donné.»
[21] Propositio V, page 242.
[22] Propositio IX, page 245.
[23] Propositio XXIV, page 255.
[24] AT, X, 234.
[25] C'est pour cette raison qu'elles sont appelées «lieux solides».
[26] AT, VI, 390.
[27] AT, VI, 392.
[28] Plus tard, quand on aura donné une équation aussi à ces courbes, au moyen de nouvelles fonctions comme le logarithme ou l'exponentielle, Leibniz appellera les premières «algébriques» et les autres «transcendantes».
[29] AT, VI, 385-386.
[30] AT, VI, 413.
[31] AT, VI, 417.
[32] AT, VI, 418.
[33] AT, VI, 418-419.

Chapitre 4
L'esprit, le cerveau et le corps.
Descartes face aux sciences cognitives

Olivier Houdé
Professeur à l'université René Descartes, Paris
Membre de l'Institut Universitaire de France

René Descartes aurait pu être considéré comme un précurseur, voire le précurseur, des sciences cognitives pour avoir fait du *Cogito* le point de départ obligé de toute exploration du réel. Mais il manque à son projet scientifique, déjà ambitieux, l'exigence d'une « matérialisation de l'esprit » ou, selon une autre expression actuelle, l'exigence d'une « naturalisation de l'intentionnalité » (intentionnalité au sens de Brentano). Pour cette raison, plutôt que de rendre hommage au *Cogito*, les sciences cognitives font aujourd'hui le procès de Descartes, dénonçant le dualisme établi entre le monde mental (l'esprit) et le monde physique (le cerveau et le corps). Tout porte à croire que c'est son rapport à Dieu qui a interdit au père de la philosophie moderne d'envisager la possibilité d'une approche physicaliste de l'esprit ou de l'âme. On sait qu'il craignait le jugement de l'Eglise. En atteste son refus, après avoir appris la condamnation de Galilée, de publier *Le monde*, texte où il affirmait aussi que la Terre tourne autour du Soleil.

En outre, l'esprit décrit par Descartes, s'il n'est pas victime du dérèglement des passions de l'âme, est un « esprit froid », rationnel, déductif. Sur ce point également, les sciences cognitives dénoncent aujourd'hui « l'erreur de Descartes ». Contre le dualisme cartésien et contre l'idée contemporaine d'un esprit réductible aux froids calculs d'un super-ordinateur, la neuropsychologie cognitive actuelle met l'accent sur les relations étroites entre l'esprit, le cerveau et le corps pour rendre compte de la «raison des émotions» sous-jacente aux facultés de raisonnement. Et si ces facultés peuvent être déductives, les données de la psychologie expérimentale indiquent aussi que l'esprit humain s'écarte souvent de la raison logico-mathématique dont l'a doté le rationalisme cartésien, sans que cet écart s'explique par le biais des passions.

Ces quelques éléments d'introduction suffisent à comprendre que le portrait de l'homme qu'ébauchent aujourd'hui les sciences cognitives est un véritable réquisitoire contre Descartes. Dans le cadre de l'hommage rendu ici à René Descartes, je tenterai d'analyser en quoi ce réquisitoire est juste et en quoi il est sévère. Au croisement de la psychologie et des neurosciences, l'analyse portera sur les deux secteurs de recherche où se cristallise actuellement l'accusation : (1) l'étude des relations entre les opérations de l'esprit et le fonctionnement du cerveau par l'imagerie cérébrale fonctionnelle, et (2) l'étude des facultés de raisonnement, en relation avec les émotions et le corps, ainsi que du point de vue des biais cognitifs de la déduction.

1. L'ESPRIT ET LE CERVEAU : L'IMAGERIE CÉRÉBRALE FONCTIONNELLE

Pour Descartes, les hommes sont composés de deux natures, le corps et l'âme, qui sont jointes et unies, mais seul le corps est une machine. Il le compare à un orgue où les esprits animaux agissent comme l'air entre les portevents dans quelques tuyaux. La postérité a retenu de l'édifice cartésien sa conception mécaniste du corps humain et l'application qui en est faite à l'analyse du déclenchement des mouvements, par signaux visuels ou auditifs, à partir de schémas très proches de ceux acceptés aujourd'hui pour l'arc réflexe. Quant à l'âme, elle est unique, immatérielle et immortelle, donc non réductible à la pensée mécaniste. Et si Descartes soutient qu'elle se joint au corps au niveau de la glande pinéale (l'épiphyse), cette jonction matérielle esprit/cerveau ne témoigne en rien d'un souci de naturalisation de l'esprit. La glande pinéale est en fait le lieu d'un «Grand

Mystère » : celui de l'interaction entre deux composantes dont l'une peut se soumettre à la pensée mécaniste et l'autre non.

L'esprit, objet de la pensée mécaniste

Sur ce point, l'édifice cartésien n'a pas résisté au temps. De l'homme-machine de La Mettrie à l'intelligence artificielle contemporaine, l'esprit humain est devenu, comme le corps, l'objet de la pensée mécaniste. D'où la « révolution cognitive » qui a marqué notre siècle avec la naissance des sciences cognitives et l'essor d'un projet commun à la psychologie et aux neurosciences : celui de « démonter » et de « remonter » les mécanismes de l'esprit et de sa jonction avec le cerveau. Ce projet est également partagé par les Nouveaux philosophes de l'esprit qui adoptent un point de vue résolument matérialiste (dit aussi « physicaliste ») en dénonçant le « dogme cartésien du fantôme dans la machine »[1].

L'angle d'attaque de l'argumentation antidualiste est le mécanisme d'interaction entre les deux types de substance ou « ingrédients », l'un spirituel et l'autre matériel, qui composeraient, selon Descartes, l'être humain complet. Si l'esprit n'est pas matériel, aucune énergie ou masse physique n'est associée aux signaux provenant de l'esprit vers le cerveau (et vers le corps en général). Comment, par conséquent, une interaction est-elle possible entre l'esprit et ce qui se passe dans les cellules du cerveau ? Selon un principe fondamental de la physique, tout changement dans la trajectoire d'une entité physique est une accélération demandant une dépense d'énergie. Dans ce cas, d'où vient cette énergie ? C'est ce principe de conservation de l'énergie qui explique l'impossibilité des « machines à mouvement perpétuel » et c'est ce principe que viole le dualisme cartésien[2]. Descartes introduit donc un mystère à une jointure cruciale de l'explication du fonctionnement cognitif.

Le consensus antidualiste qui prévaut actuellement en philosophie de l'esprit et en sciences cognitives tient au refus, sur ce point, d'une imposition métaphysique en guise d'explication, ce qui est considéré comme une abdication intellectuelle inacceptable et, en tout état de cause, prématurée[3]. Ainsi que l'écrit le philosophe Daniel C. Dennett dans *La conscience expliquée*, « Un fantôme dans la machine ne nous est d'aucune aide pour nos théories s'il ne peut mouvoir des choses autour de lui comme un esprit frappeur bruyant qui peut renverser une lampe ou claquer une porte. Mais toute chose qui peut mouvoir une chose physique est elle-même une chose physique, bien que ce soit peut-être une sorte de chose physique étrange et jusqu'à présent non étudiée »[4].

Les sciences cognitives contreviennent ainsi à l'énoncé programmatique de Descartes que l'on trouve au début du *Traité de l'homme* : « Il faut que je vous décrive, premièrement le corps à part, puis après l'âme aussi à part; et enfin que je vous montre comment ces deux natures doivent être jointes et unies pour composer des hommes qui nous ressemblent »[5]. La difficulté, mais aussi la nouveauté, des sciences cognitives réside dans la décision de ne plus dichotomiser la connaissance et de penser non plus l'esprit « à part » de la matière (le cerveau et le corps), mais de penser un objet qui ne soit ni l'un, ni l'autre, ni leur union (au sens de Descartes)[6]. Bref, il s'agit d'un objet scientifique totalement nouveau, cette « sorte de chose physique étrange et jusqu'à présent non étudiée » dont parle Dennett.

Une révolution technologique

Un tel changement de paradigme, s'il peut se concevoir philosophiquement, ne peut évidemment s'opérer concrètement sans une réelle révolution technologique. Or c'est à une telle révolution que l'on assiste depuis quelques années avec les nouvelles techniques d'imagerie cérébrale fonctionnelle, sans toutefois que l'opinion publique, ni même la communauté intellectuelle (en dehors des neuroscientifiques concernés), en ait encore réellement pris conscience. Sur le plan de la scène française, deux faits éditoriaux récents marquent l'entrée en force de ces techniques nouvelles : la revue *La Recherche* y a consacré un numéro spécial sous le titre « Voir dans le cerveau » et les Presses Universitaires de France viennent de publier, dans la collection *Psychologie et sciences de la pensée*, un ouvrage collectif intitulé « Le cerveau en action : imagerie cérébrale fonctionnelle en psychologie cognitive » (le premier sur cette question en langue française)[7].

Il semble bien que l'expression « révolution technologique » ne soit pas ici trop forte. Michael I. Posner, l'un des pionniers en la matière, écrivait dans la revue *Science* en 1993 : « Le microscope et le téléscope ouvrirent, en leur temps, de vastes domaines de découvertes scientifiques insoupçonnées. Maintenant que de nouvelles méthodes d'imagerie permettent de visualiser les systèmes cérébraux de la pensée normale et pathologique, la cognition humaine pourrait être à l'aube d'une opportunité similaire »[8]. On peut d'ailleurs penser que si Descartes était notre contemporain, il serait le premier intéressé par ces innovations, lui qui écrivait dans sa lettre à Ferrier du 13 novembre 1629 qu'il espérait grâce à de puissantes lunettes voir « s'il y a des animaux dans la Lune »[9]. Le passage de la Lune à l'esprit devrait toutefois lui poser quelques problèmes métaphysiques.

Avant l'introduction récente de l'imagerie cérébrale fonctionnelle, les deux méthodes classiquement utilisées en psychologie et en neuropsychologie pour étudier le fonctionnement de l'esprit et ses rapports avec le cerveau étaient la chronométrie mentale et le paradigme lésionnel (également, mais moins systématiquement, l'électro-encéphalographie ou EEG : étude des « potentiels évoqués »). La première méthode tente d'inférer les « algorithmes mentaux » des êtres humains en mesurant leurs temps de traitement et leurs erreurs. La seconde étudie les dysfonctionnements cognitifs de patients souffrant de lésions cérébrales afin d'en dégager les structures impliquées dans le fonctionnement normal. Ces méthodes ont permis des progrès considérables et sont toujours appliquées aujourd'hui. Elles présentent toutefois de sérieuses limitations, notamment des difficultés d'interprétation, liées à leur caractère indirect.

Par rapport à ces méthodes classiques, l'imagerie cérébrale fonctionnelle offre la possibilité, pour la première fois dans l'histoire des sciences, de visualiser directement l'activité cérébrale chez l'homme normal alors qu'il effectue une tâche cognitive. Les deux principales techniques utilisées sont l'imagerie par résonance magnétique fonctionnelle (IRMf) et la tomographie par émission de positons (TEP).

Ces techniques reposent sur l'analyse des fluctuations du débit sanguin cérébral selon les principes suivants[10]. Pour visualiser « le cerveau en action », c'est-à-dire les régions impliquées lorsqu'un sujet exécute une fonction (qu'il s'agisse d'actes moteurs élémentaires ou de processus cognitifs plus élaborés), les techniques d'imagerie fonctionnelle enregistrent les conséquences locales de l'activité électrique neuronale sur la circulation sanguine et la consommation énergétique du cerveau. Lorsqu'une activation neuronale se produit, des signaux chimiques et électriques sont envoyés à la membrane des capillaires cérébraux qui baignent les synapses permettant une modulation du débit sanguin cérébral régional. Le cerveau peut ainsi ajuster rapidement et localement la fourniture de glucose aux besoins exprimés par les synapses. Et c'est cette fluctuation du débit sanguin cérébral qui est « exploitée » par les techniques d'imagerie.

Ainsi lorsque le sujet exécute une tâche expérimentale (telle que préparer un geste, lire un mot, imaginer une scène ou résoudre un problème arithmétique), des neurones au repos sont activés et le débit du sang qui les irrigue augmente. On sait toutefois que les neurones actifs ne consomment pas plus d'oxygène que les neurones au repos, de sorte que la concentration en oxygène augmente dans les vaisseaux sanguins. La technique d'imagerie par résonance magnétique détecte cette augmentation de l'oxygène. Par ailleurs, quant le débit sanguin augmente, l'eau qui diffuse hors des vaisseaux pour atteindre toutes les régions du cerveau augmente. Si l'on a injecté au sujet de l'eau radioactive, la technique de tomographie par émission de positons détecte (avec une « caméra à positons ») l'augmentation de la perfusion de l'eau marquée.

Dans ces deux techniques, il s'agit donc d'établir quelles sont les régions du cerveau dont le débit sanguin s'est modifié de façon statistiquement significative pendant l'exécution d'une tâche. Selon la structure du protocole expérimental, des techniques statistiques spécifiques sont utilisées : des cartes de soustraction lorsque deux états sont comparés, des cartes de corrélation lorsqu'une tâche est effectuée de façon répétée avec variation d'un paramètre expérimental, ou encore des cartes d'interaction pour les protocoles où plusieurs facteurs varient systématiquement. Dans ce type d'analyse, une aire activée correspond à un groupe connexe de voxels dont la valeur dépasse un certain seuil, un voxel étant un élément d'une image tridimensionnelle.

On dispose ainsi aujourd'hui pour l'étude de la cognition, c'est-à-dire des opérations de « l'esprit en fonctionnement », de véritables méthodes d'imagerie tridimensionnelle qui produisent des images numériques contenant la valeur d'un paramètre (ici, le débit sanguin cérébral régional) corrélé à l'activité synaptique en tous points du cerveau. Ces images ont une résolution spatiale de l'ordre de 5 mm pour la tomographie par émission de positons et, potentiellement, de moins de 1 mm pour l'imagerie par résonance magnétique fonctionnelle. Leur résolution temporelle est moins précise (au mieux de quelques secondes en imagerie par résonance magnétique), mais des techniques complémentaires d'électro- et magnéto-encéphalographie sont actuellement introduites, qui présentent, en dépit d'une résolution spatiale moindre, une résolution temporelle à l'échelle de la milliseconde.

Autant de prouesses techniques qui procèdent des compétences conjuguées de diverses disciplines, du monde médical à celui de l'informatique, en passant notamment par la psychologie et les mathématiques. Si l'imagerie de haute technologie autorise désormais l'observation *in vivo* des structures et fonctions du cerveau humain, la production des images n'est possible que grâce à des ordinateurs puissants, capables de manipuler des fichiers de données tridimensionnelles. Il s'agit d'une entreprise scientifique collective et internationale où les progrès sont très rapides et qui fait l'objet d'une mise à jour permanente. C'est ainsi qu'il existe sur L'Internet un «atlas du cerveau», sous le nom de *BrainMap*, où sont actualisées les données de l'imagerie cérébrale avec, pour chaque cartographie, l'indication des techniques appliquées, des tâches cognitives utilisées et des caractéristiques des sujets. Ici encore, si Descartes était notre contemporain, on peut penser que son esprit scientifique ne résisterait pas à consulter L'Internet, oubliant pour quelques instants sa croyance en l'immatérialité de l'âme et sa crainte, dans ce cas anachronique, des autorités de l'Eglise.

Que reste-t-il du dualisme cartésien?

La brève présentation qui vient d'être faite des nouvelles méthodes d'imagerie cérébrale fonctionnelle devrait suffire à comprendre qu'il y a bien aujourd'hui une réelle «révolution technologique» qui remet radicalement en question le «dogme cartésien du fantôme dans la machine». Qu'il s'agisse de la programmation de l'action, du langage, de l'imagerie mentale ou encore de la résolution de problèmes arithmétiques, des interrelations étroites commencent à être *matériellement* établies entre les fonctions cognitives et la dynamique du cerveau. C'est ainsi que des questions classiques de psychologie, telle celle de savoir si les images mentales exploitent ou non des représentations topographiques impliquant le cortex visuel primaire (le débat entre Stephen M. Kosslyn et ses détracteurs), ont pu être récemment tranchées en quelques expériences d'imagerie cérébrale, alors que des dizaines d'expériences de chronométrie mentale sur les mêmes questions n'ont fait qu'alimenter, des années durant, les controverses théoriques les plus vives[11]. Sans pouvoir prédire si l'histoire des sciences consacrera l'imagerie cérébrale fonctionnelle comme le «microscope de la psychologie», il est raisonnable de penser que d'ici dix ans il ne sera plus possible à un grand laboratoire de pratiquer la psychologie sans avoir accès à ces méthodes.

La question qui se pose ici, pour mon propos «Descartes face aux sciences cognitives», est de savoir ce qu'il reste du dualisme cartésien face à cette nouvelle approche de l'esprit humain. Les chercheurs matérialistes les plus radicaux répondraient «Rien!». Mais comme le dénonce très justement le philosophe John R. Searle dans *La redécouverte de l'esprit*, les Nouveaux matérialistes acceptent sans s'en apercevoir les catégories et le vocabulaire du dualisme[12]. Ils sont en quelque sorte condamnés à accepter la dichotomie du physique et du mental dans la mesure même où ils soutiennent qu'un des termes de la dichotomie contient tout et que l'autre est vide. Paradoxalement, le cadre dans lequel Descartes a formulé le débat n'est dans ce cas pas contesté.

En fait, le point de vue qui ébranle réellement le cadre cartésien est celui qui consiste à penser que les méthodes modernes d'imagerie cérébrale fonctionnelle conduisent à cerner un objet scientifique radicalement nouveau, qui échappe aux catégories du dualisme. Tout porte à croire, en effet, que les images du cerveau en fonctionnement, alors que le sujet exécute une tâche expérimentale qui implique une fonction cognitive précise, sont celles d'un objet qui n'est ni la matière «à part», ni l'esprit «à part», ni leur union au sens cartésien d'une interaction mystérieuse entre deux composantes dont l'une peut se soumettre à la pensée mécaniste et l'autre non. Mais de quel objet scientifique s'agit-il exactement? Même si l'on en pressent aujourd'hui la réalité, sa définition précise reste le défi des années à venir : un défi ambitieux et passionnant. L'exemple des clichés de Kosslyn montrant les *interrelations* entre la production d'images mentales (l'esprit) et des représentations topographiques impliquant le cortex visuel primaire (la matière) est à cet égard convaincant. Il a même été montré que l'activation de cette région du cerveau varie de façon topographique selon que les images mentales générées par le sujet correspondent à des objets petits, moyens ou grands[13].

L'entreprise n'en est toutefois qu'à ses débuts et de nombreux points sont encore obscurs[14]. Dans son livre *La matérialité de l'esprit*, Daniel Pinkas souligne, avec réalisme, que «l'unanimité antidualiste [qui règne en philosophie de l'esprit et en sciences cognitives] reflète davantage un accord sur le caractère épistémologiquement désespéré du dualisme cartésien qu'une conception partagée des voies qu'il conviendrait d'emprunter en vue de relier de manière intelligible et précise les fonctions psychologiques aux mécanismes physiques»[15].

L'un des exemples les plus intéressants des désaccords théoriques actuels est celui du débat relatif à la *fragmentation de l'esprit*. Le physiologiste Marc Jeannerod remarque, dans l'article introductif du numéro spécial de *La Recherche*, «Voir dans le cerveau», qu'on retrouve dans les théories contemporaines de psychologie cognitive le caractère ambigu de la théorie des localisations cérébrales (tradition issue de Franz Josef Gall et de Paul Broca) dans la mesure où la démarche consiste à fragmenter l'esprit en de multiples sous-fonctions localisables, tout en ménageant les défenseurs d'une instance suprême[16]. C'est le cas de la théorie de Jerry Fodor, présentée dans son célèbre ouvrage *La modularité de l'esprit*, où sont distingués, d'une part, des modules périphériques, localisables anatomiquement, que l'on peut étudier expérimentalement (par exemple, la production du langage ou la vision des couleurs) et, d'autre part, un «état central» hiérarchiquement plus élevé et isotrope, difficilement accessible à l'analyse scientifique[17]. Une dichotomie comparable se retrouve dans la théorie du neuropsychologue Tim Shallice qui distingue des systèmes cognitifs «routiniers» et un système central supérieur : le «superviseur attentionnel»[18]. D'autres exemples de référence à un état central pourraient encore être cités tel «l'exécutif central» du psychologue cognitiviste Alan Baddeley ou la «structure de contrôle exécutif» du psychologue néopiagétien Juan Pascual-Leone[19].

Autant de théories où l'on retrouve, selon la critique de Jeannerod, une espèce de dualisme entre des fonctions spécifiques localisables dans le cerveau et une fonction de contrôle placée «au-dessus», conduisant au problème du fameux *homonculus* et de la régression à l'infini : s'il y a dans la tête un petit homme qui dirige les opérations, qui dirige l'*homonculus*? La logique de cette critique conduit évidemment à Dieu. C'est également ce que dénonce le philosophe Dennett en soulignant «une sorte de myopie qui empêche les théoriciens de voir que leurs modèles présupposent encore que quelque part, convenablement caché dans l'obscur centre de l'esprit/cerveau, il y a un Théâtre Cartésien»[20].

A cette critique on peut répondre qu'il ne s'agit pas, dans les théories évoquées, d'une distinction entre des fonctions spécifiques localisées dans le cerveau, analysables scientifiquement, et une fonction centrale qui ne le serait pas. Le «superviseur attentionnel» de Shallice, par exemple, n'est en rien un esprit cartésien préservé de la pensée mécaniste. De nombreuses études de neuropsychologie cognitive, utilisant le paradigme lésionnel, ont conduit à localiser ce superviseur, ou plus exactement les fonctions exécutives centrales, au niveau du lobe frontal (lui-même subdivisé en sous-unités anatomo-fonctionnelles)[21]. En outre, ces fonctions exécutives, notamment les mécanismes attentionnels d'activation et d'inhibition, font l'objet, comme les fonctions spécifiques, d'études expérimentales en psychologie cognitive[22].

Quant au problème de l'*homonculus* et de la régression qui mène à Dieu, il ne s'agit pas d'une critique convaincante car il est d'usage dans l'argumentation scientifique de définir les concepts. Or, Dieu c'est quoi? Pour Descartes, Dieu c'est «l'intelligence pure», la perfection vers laquelle tendent les «règles de la direction de l'esprit». Si Dieu c'est ça, et si l'on accepte d'y appliquer la pensée mécaniste, alors pourquoi pas? En effet, les sciences cognitives étudient le plus souvent l'homme du point de vue de ses conduites de résolution de problèmes, donc visant un but, une certaine perfection (résoudre adéquatement le problème), et la psychologie cognitive étudie spécifiquement, dans ce cadre, des règles pour la direction de l'esprit : il s'agit de l'étude expérimentale de la métacognition (métaconnaissances et processus de contrôle), ainsi que des travaux récents sur la construction des «théories de l'esprit», ou théories du fonctionnement psychologique, chez l'enfant[23].

Il y a donc, concernant la fragmentation de l'esprit, et le soupçon du «Théâtre Cartésien», un réel débat théorique aujourd'hui. La question qui se pose ici est de savoir si les nouvelles méthodes d'imagerie cérébrale fonctionnelle permettent de clore le débat. La réponse de Jeannerod est claire et tranchée. Selon ce physiologiste, les données de l'imagerie indiquent un fractionnement du lobe frontal, c'est-à-dire qu'il n'est jamais activé en un bloc, ce qui le conduit à conclure que «l'hypothèse d'une zone isotrope qui corresponde aux critères de l'état central de Fodor est une illusion»[24]. En revanche, les clichés d'imagerie semblent compatibles avec la conception d'un fonctionnement de l'esprit en termes d'ensembles neuronaux, donc de modules localisés, qui seraient sélectionnés par un processus de «synchronisation temporelle» lors de la résolution d'une tâche cognitive particulière. L'unité de l'esprit découlerait ainsi de l'association transitoire de modules spécialisés, et non d'un superviseur hiérarchiquement supérieur.

En fait, la question est loin d'être tranchée. D'une part, les spécialistes du lobe frontal soulignent eux-mêmes la nécessité de le subdiviser en sous-unités anatomo-fonctionnelles, ce qui ne remet pas en cause un système central (de type «superviseur attentionnel» ou autre), mais impose d'établir une typologie des fonctions centrales qui définissent ce système. D'autre part, on peut se demander comment se réalise la synchronisation temporelle invoquée par Jeannerod et en quoi ce processus est réellement indépendant du lobe frontal dont on sait qu'il est, par ses connexions anatomiques, un véritable «carrefour», une «plate-forme d'intégration neuronale». C'est d'ailleurs ce que confirment les clichés d'imagerie cérébrale fonctionnelle qui indiquent l'existence, notamment au niveau préfrontal, de zones plus «carrefour» que d'autres, c'est-à-dire de zones très souvent activées dans de multiples tâches cognitives.

Il apparaît donc clairement, avec cet exemple du débat sur la fragmentation de l'esprit, que la révolution technologique de l'imagerie cérébrale fonctionnelle ne garantit pas encore, à ce jour, une conception partagée des voies qu'il conviendrait d'emprunter en vue de relier de manière intelligible et précise les fonctions psychologiques aux mécanismes physiques. Le procès fait à René Descartes par les sciences cognitives est dès lors à la fois juste et sévère. Il est juste en ce que le dualisme entre l'esprit et la matière est radicalement remis en cause. Il est sévère en ce que la perspective alternative, définie négativement par l'antidualisme, n'a pas encore la cohérence de l'édifice cartésien. C'est sans-doute la raison pour laquelle sur certains points cet édifice résiste, le «Théâtre Cartésien» apparaissant en filigrane des modèles cognitifs contemporains. A l'évidence, les acteurs de la recherche n'en n'ont pas encore fini de débattre avec cet homme né il y a quatre siècles.

Et la lutte est acharnée. J'en donnerai encore un exemple : celui des facultés de raisonnement, abordées, d'une part, du point de vue de leurs rapports avec les émotions et le corps, d'autre part, du point de vue des biais cognitifs de la déduction.

2. L'ESPRIT, LE CERVEAU ET LE CORPS : L'EXEMPLE DU RAISONNEMENT

Le neuropsychologue Antonio R. Damasio a publié en 1994 un ouvrage remarqué, dont le titre est «L'erreur de Descartes : la raison des émotions»[25]. Pour Damasio, la raison pure n'existe pas : nous pensons avec notre corps et nos émotions. L'antidualisme est ainsi poussé au-delà des limites du cerveau, vers le corps proprement dit. Dénonçant non seulement l'erreur de Descartes, mais aussi la conception contemporaine d'un «cerveau-ordinateur», Damasio souligne que la notion cartésienne d'un esprit considéré «à part» du corps a été à la source, vers le milieu du XXe siècle, de la métaphore erronée de l'esprit considéré comme un logiciel informatique. Contre cette métaphore, et à partir d'un ensemble cohérent de données neuropsychologiques, il soutient une théorie des «marqueurs somatiques».

Penser avec le corps

Le point de départ de l'analyse de Damasio est l'un des cas neuropsychologiques les plus célèbres et les plus curieux des annales médicales : celui de Gage qui, en septembre 1848, alors qu'il travaillait à la construction d'une voie ferrée, en Nouvelle-Angleterre (Etats-Unis), fut victime d'une explosion au cours de laquelle une barre à mine longue de 1,80 m lui transperça le crâne et le cerveau. Très rapidement après l'accident, Gage retrouva sa motricité, ses capacités linguistiques, sa mémoire et son intelligence. Le fait stupéfiant, compte tenu de cet apparent retour à la normale, est qu'il devint très vite irresponsable, grossier et capricieux, alors qu'il était auparavant responsable, socialement bien intégré et apprécié. Il perdit son emploi et passa les douze années qui suivirent à vagabonder, à s'exhiber dans un cirque, avant de mourir en 1860.

En 1994, à partir du crâne de Gage conservé à l'Université d'Harvard, l'équipe de Damasio a reconstruit en trois dimensions, grâce aux techniques d'imagerie assistée par ordinateur, le trajet de la barre à mine au travers de ce qu'aurait pu être son cerveau. Le résultat de cette autopsie d'outre-tombe est que Gage présentait, selon cette reconstruction, des lésions touchant le cortex préfrontal ventro-médian. Or ce sont des lésions strictement similaires que Damasio observe chez ses nombreux patients frontaux qui présentent un profil psychologique comparable : intelligence apparemment conservée, mais facultés de prise de décision si perturbées que, dans des circonstances variées de la vie quotidienne, elles conduisent constamment à des erreurs de jugement et de comportement.

Damasio a en outre montré, à partir d'expériences de laboratoire, que ces patients semblent ne plus ressentir d'émotions et sont incapables d'en détecter chez autrui. L'un des indicateurs utilisés est la variation de la conductance cutanée. A propos d'un patient nommé Elliot, il écrit : «J'ai commencé à penser que sa façon de raisonner totalement de sang-froid pouvait l'empêcher d'attribuer des poids différents aux diverses solutions qui s'offraient à lui, de sorte que, pour lui, le paysage où s'opéraient les prises de décision était désespérément plat»[26].

Ce sont ces données qui ont conduit Damasio à proposer une théorie neuropsychologique mettant en relation le raisonnement, au sens de la prise de décision dans un contexte adaptatif particulier, et le fonctionnement des émotions. Selon cette théorie, la capacité d'exprimer et de ressentir des émotions est indispensable à la mise en œuvre des comportements rationnels. Elle a pour rôle d'indiquer au sujet la bonne direction, de le placer au bon endroit dans l'espace où se joue la prise de décision, en un endroit où il peut mettre en œuvre correctement les principes de la logique. Du point de vue neurobiologique, Damasio soutient que les circuits neuronaux qui sont à la base du fonctionnement des émotions ne sont pas seulement localisés dans le système limbique, comme on le dit traditionnellement, mais aussi dans certaines parties du cortex préfrontal, ainsi que dans les régions du cerveau où sont intégrés les signaux en provenance du corps.

Le cortex préfrontal joue, de ce point de vue, un rôle anatomo-fonctionnel central car il reçoit des signaux de toutes les régions sensorielles où se forment les images qui sont à l'origine de nos processus de raisonnement, y compris des cortex somatosensoriels où les états du corps passés et présents sont représentés de façon continue. Et c'est ici qu'intervient l'hypothèse des marqueurs somatiques. Ces marqueurs sont définis par Damasio comme des connexions établies entre certaines catégories d'objets ou d'événements et des états somatiques plaisants ou déplaisants. Ils procèdent de multiples expériences individuelles régulées par le système d'homéostasie selon lequel l'organisme tend à fuir la douleur et à rechercher le plaisir. Au cours du développement, ces connexions, dont les formes deviennent de plus en plus nuancées, sont stockées dans le cerveau sous la forme de «boucles de simulation» qui permettent au sujet l'économie d'une référence directe aux états somatiques réels.

Selon Damasio, ces marqueurs somatiques, porteurs de valeurs émotionnelles, sont intégrés dans le cortex préfrontal au niveau de «zones de convergence» où ils fonctionnent comme une sorte de «guide automatique» qui oriente les choix du sujet et donc son raisonnement. Ils agiraient de façon «cachée», c'est-à-dire sans que le sujet en ait nécessairement une perception explicite, pour privilégier, par le biais des mécanismes d'attention, certains éléments par rapport à d'autres, et pour commander les signaux de marche, arrêt, changement de direction, impliqués dans la prise de décision. On rejoint, à ce niveau d'intégration cognitive, le «superviseur attentionnel» de Shallice évoqué dans le point précédent. Damasio s'y réfère d'ailleurs explicitement en défendant l'idée selon laquelle ce superviseur serait sous-tendu par des marqueurs somatiques.

Il y a donc, ici encore, un état central de l'esprit qui contrôle et prend des décisions, le «Théâtre Cartésien» dénoncé par Dennett et par Jeannerod, mais cet état central est mécaniquement relié au corps et orienté par lui. Pour Damasio, l'erreur de Descartes est de n'avoir pas compris ou reconnu que l'esprit et ses opérations les plus complexes sont enracinés dans la chair, que l'absence d'émotions corporelles empêche d'être vraiment rationnel. Bref, que «l'on pense avec son corps».

Damasio souligne toutefois que les marqueurs somatiques ne permettent pas, à eux seuls, d'effectuer la totalité du processus de décision, puisque des étapes de raisonnement et de sélection finale doivent encore prendre place dans la plupart des cas. Ces marqueurs accroissent probablement la précision et l'efficacité du processus de décision. La théorie de Damasio ne fait donc pas l'économie des étapes de raisonnement qui suivent la phase de mise en jeu des marqueurs somatiques.

Que l'on souscrive ou non à cette théorie, la question qui se pose encore, à ce niveau, est de savoir si les étapes de raisonnement et de sélection finale, sous-tendues ou non par des marqueurs somatiques, coïncident avec les règles de la déduction. Autrement dit, l'esprit humain se conforme-t-il à la raison logico-mathématique dont l'a doté le rationalisme cartésien?

Les aléas de l'esprit déductif

Dès ses origines, vers le milieu du XXe siècle, le cognitivisme a considéré le cerveau comme une machine déductive dont les constituants, les neurones, incarnent des principes logiques[27]. La suite est connue : c'est l'assimilation métaphorique de l'esprit humain, logique et déductif, au système d'inférence d'un ordinateur. On a vu que cette conception d'un esprit froid, rationnel et déductif, est dénoncée par Damasio qui en attribue la paternité à «l'erreur de Descartes». Elle est également contestée, mais d'une autre façon, par les travaux de psychologie expérimentale.

En psychologie du raisonnement, les processus qui fondent la déduction, et son exigence de nécessité, ont fait l'objet de recherches nombreuses. Confirment-elles la compétence déductive d'un esprit logique? Il semble que non! Depuis deux décennies, les données expérimentales se bousculent, les débats s'animent et l'effervescence est telle que la «présomption de rationalité» qui crédite l'esprit humain d'une logique de principe est constamment «appelée à la barre». C'est ainsi que s'opposent, d'une part, la «doctrine de la logique mentale» et, d'autre part, des conceptions alternatives centrées sur les notions de modèles mentaux, de schémas pragmatiques et de biais de raisonnement[28].

Les travaux qui font ressortir avec le plus de force «l'irrationalité humaine» sont ceux de Jonathan St. B.T. Evans relatifs aux biais de la déduction. En mettant exclusivement l'accent sur les erreurs nombreuses que font les adultes dans des tâches de logique déductive élémentaire, Evans définit les biais comme une tendance systématique à prendre en considération des facteurs non pertinents pour la tâche à résoudre et à ignorer les facteurs pertinents. Son ouvrage «Bias in human reasoning» est un réel réquisitoire contre le rationalisme cartésien, en ce qu'il présente une typologie conséquente de biais de raisonnement observés chez des sujets qui ne sont pas sous l'emprise de la folie, de l'ivresse ou des passions[29]. Il s'agit donc bien de biais cognitifs de déduction.

Faut-il conclure, à partir de telles données, que l'essence de l'esprit humain est non conforme aux canons de la logique et que la compétence déductive est condamnée à être court-circuitée par des biais de raisonnement? Cette question pose le problème, vivement débattu en philosophie de l'esprit, de la «présomption de rationalité»[30]. Les philosophes qui refusent cette présomption, et répondraient par l'affirmative à la question qui vient d'être posée, se focalisent sur les constats empiriques, tels ceux d'Evans, indiquant que les humains sont irrationnels dans leurs raisonnements. A l'inverse, les philosophes qui plaident en faveur d'une telle présomption soutiennent que les humains doivent être crédités d'une rationalité de principe que les erreurs de raisonnement qu'ils commettent ne menacent pas. Des données expérimentales récentes semblent confirmer cette dernière position en indiquant que les biais du raisonnement déductif relèveraient d'un défaut d'inhibition d'une stratégie inadéquate plutôt que d'une réelle absence de logique[31]. L'inhibition dont il est question ici étant un processus d'attention sélective, on retrouve donc, comme chez Damasio, le rôle décisif d'un système central de supervision attentionnelle. Dans ce domaine d'étude des compétences déductives, où la question de la «présomption de rationalité» reste en débat, on peut s'attendre à ce que l'application des nouvelles méthodes d'imagerie cérébrale fonctionnelle apporte aussi des éclairages nouveaux.

Qu'il s'agisse de la théorie des marqueurs somatiques de Damasio ou des travaux de psychologie du raisonnement dont il vient d'être question, on peut à nouveau dire que le procès fait aujourd'hui à René Descartes est à la fois juste et sévère. Il est juste en ce que le rationalisme cartésien a bien conduit à considérer l'esprit «à part» du corps, c'est «l'erreur de Descartes» dénoncée par Damasio, et en ce qu'il donne l'image d'un esprit strictement logique et déductif : «l'esprit cartésien». Mais le procès est sévère pour deux raisons. La première est que Damasio a choisi le discours de l'accusation, et sans-doute a-t-il eu raison, mais il aurait aussi pu présenter Descartes comme un «précurseur timide» de la théorie des marqueurs somatiques. N'est-il pas écrit dans *Les passions de l'âme* «qu'il y a une telle liaison entre notre âme et notre corps, que lorsque nous avons une fois joint quelque action corporelle avec quelque pensée, l'une des deux ne se présente point à nous par après, que l'autre ne s'y présente aussi» (§ 136)[32]? Descartes limite toutefois ce phénomène de marquage corporel aux étranges aversions qui peuvent nous empêcher de souffrir l'odeur des roses ou la présence d'un chat. A l'évidence Damasio est allé plus loin, jusqu'aux facultés de raisonnement.

La seconde raison qui rend le procès sévère est que la question de la compétence déductive de l'esprit humain est loin d'être tranchée et qu'ici encore, comme pour la question de la fragmentation de l'esprit évoquée dans le point précédent, le rationalisme cartésien reste un acteur des débats actuels en psychologie et en philosophie de l'esprit.

3. CONCLUSION

La conclusion sera brève. J'espère avoir montré que René Descartes, dont on vient de célébrer le quatrième centenaire de la naissance et qui repose depuis 1869 (après diverses péripéties) dans une chapelle latérale obscure de l'Eglise de Saint-Germain-des-Prés, est *étonnement vivant*, acteur actuel de tous les débats essentiels en sciences cognitives, qu'il s'agisse des rapports entre l'esprit et le cerveau au regard des nouvelles méthodes d'imagerie cérébrale fonctionnelle, des rapports entre l'esprit, le cerveau et le corps du point de vue des facultés de raisonnement, ou encore de l'étude des capacités déductives de l'esprit humain.

Non sans provocation, je dirais — en citant un exemple emblématique — que l'Université René Descartes à Paris, réputée pour ses formations en médecine et en psychologie, porte un nom prestigieux *et qu'elle le porte bien*. En effet, les médecins «à part» étudient la matière (le corps et le cerveau) et les psychologues «à part» étudient les opérations de l'esprit. Si l'Université René Descartes (et d'autres universités à son image) souhaite, elle aussi, devenir un réel acteur des sciences cognitives, il lui reste à briser ses barrières disciplinaires. L'exemple des projets d'imagerie cérébrale fonctionnelle ne peut qu'y inciter. Evidemment, ainsi qu'on l'a vu, le risque est alors d'affronter Descartes sur des questions aussi essentielles que celle des rapports entre l'esprit et la matière. C'est sans doute la façon la plus moderne de porter son nom.

NOTES

[1] Expression de G. Ryle (1949), *The concept of mind*, London : Hutchinson.
[2] Voir Dennett, D.C. (1991), *Consciousness explained*, Little, Brown and Company (trad. fr., 1993 : *La conscience expliquée*, Paris : Odile Jacob).
[3] Voir D. Pinkas (1995), *La matérialité de l'esprit*, Paris : Editions La Découverte.
[4] Voir Dennett (note 2), p. 53, trad. fr.
[5] Voir *L'Homme*, Paris : Vrin, p. 119-120.
[6] Voir Tête, A. (1994), Le Mind-Body Problem, *in* B. Feltz et D. Lambert (Eds), *Entre le corps et l'esprit*, Bruxelles : Mardaga.
[7] Dehaene, S. (éd.) (1997), *Le cerveau en action*, Paris : PUF.
[8] Posner, M.I. (1993), Seeing the mind. *Science*, 262, 673-674; voir aussi Posner, M.I. & Raichle, M.E. (1994), *Images of mind*, New York : Scientific American Library.
[9] Voir *Correspondance* (avril 1622-février 1638), Paris : Vrin, p. 69.
[10] Voir l'exposé technique très clair de B. Mazoyer et J.W. Belliveau : Les nouveaux progrès de l'imagerie, *La Recherche*, Numéro Spécial «Voir dans le cerveau», 1995, *289*, 26-33.
[11] Kosslyn, S.M. & al. (1993), Visual mental imagery activates topographically organized visual cortex : PET investigations. *Journal of Cognitive Neuroscience*, 5, 263-274.
[12] Searle, J.R. (1992), *The rediscovery of the mind*, Cambridge : MIT Press (trad. fr., 1995 : *La redécouverte de l'esprit*, Paris : Gallimard).
[13] Kosslyn, S.M. & al. (1995). Topographical representations of mental images in primary visual cortex, *Nature*, 378, 496-498.
[14] Par exemple, certains auteurs ne retrouvent les résultats de Kosslyn concernant l'activation du cortex visuel primaire lors de tâches d'imagerie mentale : Mellet E., Tzourio N.,

Denis M., Mazoyer B. (1995), A positron emission tomography study of visual and mental spatial exploration, *Journal of Cognitive Neuroscience*, 7, 433-445.
[15] Voir Pinkas (note 3), p. 6-7.
[16] Jeannerod M., Un tremplin pour les sciences cognitives, *La Recherche*, Numéro Spécial «Voir dans le cerveau», 1995, *289*, 22-25.
[17] Fodor J. (1983), *The modularity of mind*, Cambridge : MIT Press (trad. fr., 1986 : *La modularité de l'esprit*, Paris : Editions de Minuit).
[18] Shallice T. (1988), *From neuropsychology to mental structure*, Cambridge : Cambridge University Press (trad. fr., 1995 : *Symptômes et modèles en neuropsychologie*, Paris : PUF).
[19] Baddeley A. (1986), *Working Memory*, Oxford : Clarendon Press; Pascual-Leone J. (1988), Organismic processes for neo-Piagetian theories, *in* A. Demetriou (ed.), *The neo-piagetian theories of cognitive development* (25-64), Amsterdam : North-Holland.
[20] Dennett (note 2), p. 57, trad. fr.
[21] Voir Dubois B. & al. (1994), Fonctions intégratrices et cortex préfrontal chez l'homme, *in* X. Seron et M. Jeannerod (eds), *Neuropsychologie humaine* (453-469), Bruxelles : Mardaga.
[22] Voir Dempster F.N. & Brainerd C.J. (1995), *Interference and inhibition in cognition*, New York : Academic Press; Houdé O. (1995), *Rationalité, développement et inhibition*, Paris : PUF.
[23] Voir Melot A.-M. (1993), Métacognition et théories de l'esprit, *Journal International de Psychologie*, 28, 581-593.
[24] Voir Jeannerod (note 16), p. 24.
[25] Damasio A.R. (1994), *Descartes's Error*, Putnam Books (trad. fr., 1995 : *L'erreur de Descartes*, Paris : Odile Jacob).
[26] Voir note précédente, p. 78.
[27] Voir Pélissier A. & Tête A. (1995), *Sciences cognitives : textes fondateurs (1943-1950)*, Paris : PUF.
[28] Voir Houdé O. & Miéville, D. (éds) (1993), *Pensée logico-mathématique*, Paris : PUF.
[29] Evans J.St.B.T. (1989), *Bias in human reasoning*, Hove and London : Lawrence Erlbaum.
[30] Voir Engel P. (1993), Philosophie de la pensée logico-mathématique, *in* O. Houdé et D. Miéville (éds), *Pensée logico-mathématique* (205-228), Paris : PUF.
[31] Voir Houdé (note 22), Chapitre 5; voir aussi Houdé O. & Moutier S. (1996), Deductive reasoning and experimental inhibition training : the case of the matching bias, *Current Psychology of Cognition*, 15, 409-434.
[32] *Les passions de l'âme*, Paris : Vrin, p. 428.

Chapitre 5
La mécanique, la physiologie et l'âme*

Jacques Bouveresse
Professeur au Collège de France

1. Y A-T-IL UNE PENSÉE ANIMALE ?

La théorie dite «des animaux-machines», qui avait déjà scandalisé si fortement certains des contemporains de Descartes, semble à première vue pouvoir être interprétée de deux façons bien différentes, dont l'une est incomparablement plus radicale et plus choquante que l'autre. Au premier sens, qui est tout à fait clair, elle nie radicalement qu'il puisse exister une raison sérieuse d'attribuer aux animaux des formes de pensée quelconques, y compris des formes de pensée simplement plus primitives, qui correspondent à des formes de comportement également plus primitives que les nôtres. Descartes n'est pas disposé à admettre la possibilité qu'il existe des façons de penser intermédiaires entre celles qui sont rendues possibles par la possession d'une âme rationnelle et l'absence pure et simple de pensée. Il s'oppose sur ce point à Montaigne, qu'il accuse d'avoir été beaucoup trop généreux envers les animaux en leur attribuant des capacités de jugement, de raisonnement et de délibération qui sont, selon lui, indispensables pour expliquer certaines de leurs actions. D'après Montaigne, il est impossible d'attribuer le comportement du renard dont se servent les habitants de la Thrace pour savoir s'ils peuvent ou non se risquer sur une rivière gelée simplement «à une vivacité de son ouye, sans discours et sans conséquence». Il faut le supposer capable de ce qu'il appelle «une ratiocination et conséquence tirée du sens naturel»[1], autrement dit, pourvu de la connaissance d'une forme de logique qui n'a pas besoin d'être apprise ni formulée de façon quelconque[2].

La réponse de Descartes est qu'aussi bien la perfection remarquable que manifestent certaines actions animales que les ratés caractéristiques auxquelles elles sont également capables de donner lieu s'expliquent de façon beaucoup plus satisfaisante si elles sont gouvernées entièrement par des principes purement mécaniques. «Je sais bien, écrit-il, que les bêtes font beaucoup de choses mieux que nous, mais je ne m'en étonne pas; car cela même sert à prouver qu'elles agissent naturellement et par ressorts, ainsi qu'une horloge, laquelle montre bien mieux l'heure qu'il est, que notre jugement ne nous l'enseigne. Et sans doute que, lorsque les hirondelles viennent au printemps, elles agissent en cela comme des horloges.»[3] Montaigne avait précisément pris l'exemple de la façon dont les hirondelles au printemps choisissent l'emplacement de leur nid et du savoir-faire remarquable dont elles font preuve dans la construction de celui-ci comme une preuve du fait qu'elles disposent d'une forme de connaissance et de jugement (*op. cit.*, p. 501). La comparaison que fait Descartes avec les horloges peut sembler à première vue grossière et absurde; mais elle ne doit cependant pas nous tromper sur le fait que ce qu'il affirme est uniquement que même les actions animales qui semblent être les plus proches de celles qui impliquent, chez nous, la présence de la pensée, comme par exemple la prononciation de certains mots ou de certaines phrases, peuvent encore être expliquées entièrement, chez les animaux, par le mouvement de certaines passions. «Toutes les choses qu'on fait faire aux chiens, aux chevaux et aux singes, ne sont, écrit-il, que des mouvements de leur crainte, de leur espérance, ou de leur joie, en sorte qu'ils les peuvent faire sans aucune pensée.» (*ibid.*, p. 574-575)

Descartes conteste que les animaux puissent avoir des comportements qui constituent l'expression de pensées quelconques, mais non qu'ils puissent exprimer des passions diverses. Il dit même des bêtes qu'elles «nous signifient très facilement leurs impulsions naturelles, telles que la colère, la crainte, la faim, ou autres états semblables, par la voix ou par d'autres mouvements du corps» (*Lettre à More*, 5 février 1649, AT, V, p. 278; P, p. 1320). Il est vrai que cela n'implique pas que, lorsqu'elles expriment leurs passions, elles expriment le même genre de chose que nous, lorsque nous exprimons les nôtres, puisque ce dont il est question dans leur cas semble être simplement la façon dont des mouvements internes qui ont lieu dans leur corps et, plus précisément, dans leur cerveau peuvent se traduire à l'extérieur par des mouvements visibles d'une certaine sorte; et c'est, bien entendu, une chose dont, à défaut des horloges, auxquelles il ne nous viendrait certainement pas à l'esprit d'attribuer des passions, les automates conçus expressément pour imiter le comportement des animaux sont parfaitement capables.

Avant de revenir, de façon plus précise, sur le sens que Descartes donne au mot «machine», il est important de remarquer immédiatement que, lorsqu'il compare les animaux à des mécanismes d'une certaine sorte, il choisit ceux-ci expressément parce qu'ils constituent, pour ses contemporains, un objet d'étonnement et d'admiration. Les lecteurs du vingtième siècle peuvent avoir le sentiment qu'il y a quelque chose de dépréciatif dans le fait d'assimiler les animaux à des machines. Quand on dit d'un animal qu'il est une machine, on veut dire qu'il *n'*est, justement, *qu'*une machine. Mais cette connotation péjorative est entièrement absente de l'usage que Descartes fait du mot «machine», lorsqu'il compare les animaux à des machines. Un des dispositifs mécaniques qu'il utilise le plus volontiers comme modèle, pour des raisons sur lesquelles je reviendrai dans un instant, est celui des machines ou des automates hydrauliques très compliqués que l'on peut voir fonctionner dans les jardins à eaux, dont il existe à l'époque des exemples fameux qui suscitent l'émerveillement des visiteurs. Dans le *Traité de l'homme*, Descartes écrit à propos de la machinerie qui est responsable des mouvements qui ont lieu à l'intérieur du corps humain : «Les objets extérieurs, qui par leur seule présence agissent contre les organes de ses sens, & qui par ce moyen la déterminent à se mouvoir en plusieurs diverses façons, selon que les parties de son cerveau sont disposées, sont comme des Estrangers qui, entrans dans quelques-unes des grottes de ces fontaines, causent eux-mêmes sans y penser les mouvements qui s'y font en leur présence : car ils n'y peuvent entrer qu'en marchant sur certains quarreaux tellement disposés que, par exemple, s'ils s'approchent d'une Diane qui se baigne, il la feront cacher dans les rozeaux; & s'ils passent plus outre pour la poursuivre, ils feront venir vers eux un Neptune qui les menacera de son trident ; ou, s'ils vont de quelqu'autre coté, ils feront venir un monstre marin qui leur vomira de l'eau contre la face ; ou choses semblables, selon le caprice des Ingénieurs qui les ont faites. » (AT, XI, p. 131) Quant à l'âme raisonnable, qui a son siège principal dans le cerveau, il faut, dit Descartes, se la représenter dans le rôle du fontenier qui occupe une position centrale qui lui confère un droit de regard et une possibilité de contrôle et de commande sur tout le système de tuyaux et de valves et lui permet de déclencher, de stopper ou de modifier, s'il le désire, les mouvements de l'eau.

Une conséquence très importante qui résulte de cela est que, sauf en ce qui concerne les mouvements volontaires, l'âme n'est pas la source et le principe des mouvements qui ont lieu dans le corps, pas plus que le fontenier n'est le producteur des mouvements qui sont dus à l'action de l'énergie hydraulique. La même conclusion résulte d'une autre comparaison que Descartes utilise. L'âme est, dit-il, dans le corps comme le pilote en son navire. Autrement dit, elle est dans la position de l'homme qui choisit la route et dirige les mouvements du navire, mais elle n'est évidemment pas la source de l'énergie qui le fait avancer. Descartes considère comme absolument dénuée de fondement l'idée que la chaleur et les mouvements du corps dépendent dans tous les cas de la présence de l'âme. Il rejette par conséquent une idée très répandue de la mort qui consiste à supposer que l'on meurt parce que l'âme quitte le corps, ce qui a pour conséquence que celui-ci se trouve privé de la chaleur naturelle et du mouvement et réduit à l'état d'un objet inerte. Ce qu'il faut dire, d'après lui, est que l'âme ne quitte le corps que parce que la chaleur et le mouvement quittent celui-ci, autrement dit, parce que la machine corporelle devient inapte à remplir ses fonctions. « Considérons, écrit-il, que la mort n'arrive jamais par la faute de l'âme, mais seulement parce que quelqu'une des principales parties du corps se corrompt ; et jugeons que le corps d'un homme vivant diffère autant de celui d'un homme mort que fait une montre, ou autre automate (c'est-à-dire autre machine qui se meut de soi-même), lorsqu'elle est montée et a en soi le principe corporel des mouvements pour lesquels elle est instituée, avec tout ce qui est requis pour son action, et la même montre, ou autre machine, lorsqu'elle est rompue et que le principe de son mouvement cesse d'agir. » (*Les Passions de l'Ame*, AT, XI, p. 330-331) Tous les mouvements du corps, pour autant qu'ils ne dépendent pas de la pensée, «n'appartiennent qu'au corps» (*ibid.*, p. 329) et ne dépendent par conséquent que de la machine corporelle.

Autrement dit, alors que nous hésiterions certainement, pour notre part, à dire d'une machine quelconque qu'elle est un être vivant ou organique, Descartes n'éprouve aucune répugnance de cette sorte. Pour lui, même sans la présence d'une âme, une machine construite de façon appropriée pourrait parfaitement remplir toutes les fonctions du corps (aussi bien le nôtre que celui d'un animal) et disposer par elle-même de la capacité de mouvement autonome qui est la caractéristique de l'être vivant. Les animaux *sont* précisément des machines de cette sorte. Ce sont des machines vivantes et également des machines sentantes, même si ce ne sont pas des machines pensantes. La thèse selon laquelle les animaux sont des machines peut être lue aussi bien comme signifiant qu'il y a des machines qui sont animales. La position que Descartes défend contre les héritiers et les disciples d'Aristote est que la possession d'une âme est nécessaire pour la pensée, mais en aucune façon pour la vie en général et pas davantage pour la vie animale en particulier.

2. LE MOUVEMENT ET LA «SENSIBILITÉ» DANS LES MACHINES

Descartes, comme je l'ai dit, ne nie en principe aucunement que les animaux soient doués d'émotions et de passions, mais uniquement que les émotions et les passions dont ils sont capables puissent être accompagnées, comme elles le sont chez nous, de la pensée et contrôlées, au moins jusqu'à un certain point, par elle. C'est ce qui peut rendre, au moins à première vue, très surprenant le deuxième sens, beaucoup plus problématique, auquel on a interprété la théorie des animaux-machines, celui auquel Descartes est supposé avoir contesté aux animaux non seulement la pensée, mais également la sensibilité interne et l'aptitude à éprouver, par exemple, réellement de la douleur. Cela lui a valu d'être accusé déjà par ses contemporains d'avoir défendu une théorie susceptible de justifier et d'encourager la cruauté et l'inhumanité envers les animaux et c'est aussi ce qui, à coup sûr, l'éloigne le plus de la sensibilité moderne, qui est, sur ce point, incontestablement beaucoup plus proche de celle de Montaigne, y compris en ce qui concerne la part d'anthropomorphisme et d'exagération qu'elle comporte, que de la sienne. Les adversaires de la théorie des animaux-machines n'ont pas manqué de rapporter un certain nombre d'histoires, réelles ou inventées, plus ou moins horribles à propos de la façon dont les cartésiens étaient capables de maltraiter odieusement ou de torturer sauvagement leurs animaux, sous le prétexte qu'ils étaient incapables d'éprouver de la douleur ou des sensations quelconques.

Descartes n'hésite pas à affirmer qu'«il n'y a pas de préjugé auquel nous soyons tous plus accoutumés qu'à celui qui nous a persuadés depuis notre enfance que les bêtes pensent» (*Lettre à More* du 5 février 1649, AT, V, p. 275-276; P, p. 1318). C'est ce que nous croyons probablement tous spontanément, mais c'est une croyance qui ne résiste pas à l'examen philosophique. L'origine du préjugé dont parle Descartes doit être cherchée, selon lui, essentiellement dans la conviction que l'âme, en tout cas une âme d'une certaine sorte, doit être dans tous les cas le principe des mouvements du corps. Comme il y a des analogies tout à fait frappantes entre l'anatomie des animaux et la nôtre et également entre la physiologie des mouvements corporels chez les animaux et chez nous, il est naturel de supposer que, si une seule et même âme est chez l'homme le principe et la cause à la fois de la pensée et des mouvements du corps, il doit en être de même également dans le cas des animaux. Or, comme on l'a vu, Descartes rejette précisément la prémisse contestable sur laquelle repose cette conclusion erronée. «La seule source de notre erreur, écrit-il, vient d'avoir vu que plusieurs membres des bêtes n'étaient pas bien différents des nôtres pour la figure extérieure et le mouvement, et d'avoir cru que notre âme était le principe de tous les mouvements qui sont en nous, et que la même âme donnait le mouvement au corps, et était la cause de nos pensées.» (*ibid.*, p. 276; P, p. 1318)

Descartes ne suggère cependant pas pour autant que c'est également un préjugé de croire que les animaux souffrent et d'éprouver de la compassion pour eux. Ce qui est vrai est simplement que, si les animaux ne sont rien de plus que des automates naturels incomparablement plus compliqués et perfectionnés et beaucoup plus dignes d'amiration que ceux que nous sommes capables de construire nous-mêmes, leur destruction gratuite ou les mauvais traitements que nous pourrions nous croire autorisés à leur infliger doivent probablement être condamnés plutôt comme une forme de vandalisme inacceptable que pour des raisons proprement éthiques. Mais il ne fait aucun doute que, du point de vue de Descartes, ce serait une faute caractérisée que d'endommager ou de détruire gratuitement une œuvre qui est le produit de l'intelligence et du travail d'autrui et une faute d'autant plus grave, lorsque l'artisan souverainement intelligent et habile qui l'a conçue et réalisée n'est autre que Dieu lui-même.

Descartes a dit et répété sans aucune ambiguïté possible qu'il n'entendait priver les animaux de rien de plus que la pensée. Ils sont par ailleurs en principe, à ses yeux, susceptibles de tous les états et capables de toutes les formes d'action qui ne dépendent, chez l'être humain, que du corps et ne requièrent pas la présence de la pensée, autrement dit d'une âme rationnelle. Mais c'est justement, nous dit-il, «une chose fort remarquable, qu'aucun mouvement ne peut se faire, soit dans le corps des bêtes, soit même dans les nôtres, si ces corps n'ont en eux tous les organes et instruments, par le moyen desquels ces mêmes mouvements pourraient aussi être accomplis dans une machine» (*Quatrièmes Réponses*, AT, IX, p. 178). Et ce qui résulte de cela n'est apparemment pas que les animaux ne peuvent pas sentir, mais seulement qu'ils le peuvent pour autant que et au sens auquel une machine le peut. Dans le *Traité de l'Homme*, Descartes dit qu'avant de passer à la description de l'âme raisonnable, il tient à préciser, à propos de la machine qu'il vient de décrire, que «premièrement, je n'ai supposé en elle aucuns organes, ni aucuns ressorts, qui ne soient tels, qu'on se peut très aisément persuader qu'il y en a de tout semblables, tant en nous que même aussi en plusieurs animaux sans raison» (AT, XI, p. 200). Toutes les fonctions qui peuvent être attribuées à cette machine, au nombre desquelles Descartes compte non seulement des fonctions purement physiologiques comme la digestion le battement du cœur ou la respiration, mais également «la réception de la lumière, des sons, des odeurs, des goûts, de la chaleur, et de telles autres qualités dans les sens extérieurs; l'impression de leurs idées dans l'organe du sens commun et de l'imagination, la rétention ou l'empreinte de ces idées dans la mémoire; les mouvements intérieurs des appétits et des passions; et enfin les mouvements extérieurs de tous les membres qui suivent si à propos, tant des actions des objets qui se présentent aux sens, que des passions, et des impressions qui se rencontrent dans la mémoire» (*ibid.*, p. 201-202), sont des fonctions qui peuvent être attribuées également à des degrés variables aux animaux dénués de raison, d'une façon qui ne dépend que de la complexité et du degré d'organisation de leur machinerie corporelle. Descartes ajoute que «ces fonctions suivent toutes naturellement, en cette machine, de la seule disposition de ses organes, ne plus ne moins que font les mouvements d'une horloge, ou autre automate, de celle de ses contrepoids et de ses roues» (*ibid.*, p. 202). Et il en conclut que toutes les fonctions que la tradition aristotélicienne croyait devoir expliquer par la présence d'une âme végétative ou sensitive sont susceptibles d'être expliquées à l'aide de principes purement mécaniques. Les fonctions de la pensée ne peuvent s'expliquer que par l'action d'une âme raisonnable, mais celles de la sensibilité interne et externe n'ont pas besoin d'être expliquées par l'action d'une âme d'une autre sorte.

En disant qu'elles sont explicables de façon mécanique, Descartes veut dire essentiellement qu'elles sont susceptibles d'une explication naturelle. Elles n'impliquent pas la présence dans les êtres vivants de formes substantielles et de qualité réelles de ces formes, dont nous ne pourrions comprendre ni comment elles sont susceptibles de produire des mouvements locaux divers dans les corps, ni comment elles peuvent être produites par des mouvements de cette sorte : les seuls principes de mouvement et de vie que nous avons besoin d'invoquer sont ceux qui, comme la chaleur du feu qui brûle dans le cœur et provoque l'agitation du sang et des esprits, sont déjà à l'œuvre dans les corps naturels inanimés. On peut remarquer que, si la comparaison favorite de Descartes est celle des horloges, ce qu'il utilise est en réalité plutôt le modèle, déjà nettement plus plausible, de la machine à feu. Ses adversaires ne se sont évidemment pas privés de lui faire remarquer qu'il était difficile d'attribuer à une horloge, qui fonctionne à l'aide de poids ou d'un ressort, une autonomie réelle et un principe de mouvement qui soit véritablement interne. Mais ce sont deux propriétés qui peuvent être reconnues beaucoup plus facilement à une machine à feu, à la condition qu'elle soit alimentée de façon continue en combustible.

Une des choses qui ont été objectées le plus fortement à Descartes, notamment lors de la fameuse querelle d'Utrecht, est d'avoir fait de la mécanique la norme et la règle de la physiologie («physiologie» est ici à peu près synonyme de «philosophie naturelle» ou «théorie des corps naturels en général»). Dans un texte polémique intitulé *L'admirable méthode* (Admiranda Methodus), l'auteur, Martin Schoock, s'en prend à Descartes en critiquant les thèses défendues par un de ses disciples supposés, le physiologiste et médecin Regius, et il écrit ceci : «Ce qu'il faut penser de la grandeur toute mâle que possèdent la plupart des sectateurs de Descartes dans le domaine de la mécanique, et ce qu'il faut attendre d'une philosophie ramenée à cette mesure, nous le savons par le même médecin lorsque, pour rejeter les Formes substantielles, il s'avise de philosopher subtilement sur l'horloge, éternellement jetée à la tête de ses sectateurs comme étant la norme de la physiologie; l'horloge, c'est-à-dire «ce dont le poids et le ressort sont les causes motrices internes». Comme si le poids qui meut l'horloge par un mouvement non pas essentiel, mais violent, était plus véridiquement le principe intrinsèque du mouvement de l'horloge que le cheval n'est le principe intrinsèque du mouvement de la voiture qu'il traine, ou que le marguillier qui sonne la cloche ou la vieille qui tourne la quenouille, sont le principe intrinsèque du mouvement de la cloche ou de la quenouille! Qu'on ne s'attende pas non plus à recevoir du secours de la part du ressort, car, puisqu'il s'agit encore d'un principe violent du mouvement, il ne peut être le principe premier et naturel du mouvement. Car l'expérience journalière nous apprend que le mouvement est imprimé au ressort par la main pour le faire continuer pendant plusieurs heures. La preuve de tout cela n'est pas non plus à la hauteur des philosophes de cette importance. Que penser en effet de ceci : «Le poids et le ressort sont les causes motrices internes (de l'horloge), puisqu'ils sont des parties essentielles et intégrantes de l'horloge : car s'ils sont enlevés, l'horloge n'est plus une horloge»? Par des règles de ce genre, on pourrait prouver que les ânes sont des parties essentielles des moulins qu'ils font tourner, ou que le vent l'est du moulin de Jutphaas lorsqu'il pousse ses ailes. De même, les rôtissoires ne seraient plus des rôtissoires, sitôt que les chiens qui les font tourner, sont libérés et rôdent dans la rue, ou qu'ils ont été amenés pour la chasse. Que le lecteur savant juge par cet échantillon ce qu'il faut attendre de cette nouvelle discipline mécanico-physique.»[4]

Avec tout le respect que l'on doit à un aussi grand esprit que Descartes, il faut avouer que cette objection est loin d'être dénuée de pertinence. Comme on a déjà eu l'occasion de s'en rendre compte, Descartes fait, dans toutes ces discussions, un usage extrêmement général du mot « horloge ». Il l'utilise plus ou moins comme terme générique pour désigner tous les automates, c'est-à-dire, selon l'étymologie, toutes les machines qui sont capables de se mouvoir d'elles-mêmes. Or il serait certainement difficile de prétendre que c'est simplement en vertu de sa constitution interne et de la disposition de ses organes qu'une horloge est capable de se mouvoir par elle-même. Cela n'est vrai, dans le meilleur des cas, que d'une horloge qui a été remontée. Le contradicteur de Descartes lui fait remarquer que le mouvement de l'horloge doit être considéré en réalité comme un mouvement emprunté, et non un mouvement qui résulte d'un principe intrinsèque qui pourrait être conçu comme constitutif de la nature même de l'horloge. Celle-ci tire, en effet, sa capacité de mouvement d'une intervention extérieure qui doit être répétée périodiquement, et non pas, comme l'être vivant, d'un principe véritablement interne. L'homme qui remonte l'horloge communique à son poids ou à son ressort une certaine réserve d'énergie, qui est ensuite libérée de façon discontinue par l'intermédiaire de ce qu'on appelle le système de l'échappement. Mais le mécanisme de l'horloge ne crée évidemment lui-même aucune énergie, il ne fait que restituer l'énergie qui lui a été communiquée au départ en la distribuant de façon régulière sur une période de temps plus ou moins longue. Or, si les êtres vivants fonctionnaient, comme l'affirme Descartes, sur le même principe que les horloges, il faudrait donner au moins un commencement de réponse à la question de savoir pourquoi ils disposent d'une autonomie qui leur permet de fonctionner indéfiniment ou en tout cas aussi longtemps sans avoir besoin d'être, si l'on peut dire, remontés.

La difficulté principale à laquelle se heurte Descartes est donc la suivante. Tant que l'on n'a pas d'idées précises sur la nature des échanges d'énergie qui ont lieu entre l'être vivant et le monde extérieur et encore moins sur les lois qui gouvernent la transformation des différentes formes d'énergie les unes dans les autres, il est naturel de supposer que la capacité de mouvement autonome apparemment inépuisable dont dispose un animal ne peut s'expliquer que par l'intervention d'un principe spécial, différent de celui qui gouverne le comportement des corps naturels en général, un principe qui correspond à ce qu'on appelle une âme et que, dans le cas de l'homme en tout cas, on est tenté de qualifier de spirituel. Descartes, comme on l'a vu, rejette catégoriquement cette solution. Mais, du même coup, il se trouve dans l'obligation d'essayer de répondre avec les moyens de l'époque, qui sont certainement tout à fait insuffisants pour cela, à la question de savoir par quoi exactement la mécanique est capable de remplacer l'âme, considérée comme la source et le principe véritablement naturel et immanent du mouvement.

Quand je dis que l'on n'a pas encore, à l'époque de Descartes, des idées très claires sur la façon dont l'organisme vivant utilise l'énergie qu'il emprunte au milieu extérieur pour entretenir et renouveler la force motrice qu'il donne l'impression d'être capable de tirer en quelque sorte indéfiniment de lui-même, ce n'est pas une exagération. Dans un texte écrit plus de deux cents ans après la mort de Descartes, Helmholtz constate que les trésors d'ingéniosité qui ont été dépensés pour la construction d'automates capables d'imiter aussi parfaitement que possible le comportement des êtres vivants ont été liés pendant longtemps à une idée erronée, qui est qu'il devrait être possible de construire une machine animée d'un mouvement perpétuel. Il était, en effet, logique de supposer que, si l'on réussissait à produire une machine de cette sorte, on aurait réussi à rendre compte, sans avoir à sortir du domaine de la mécanique, de ce qui semble constituer la caractéristique essentielle de l'être vivant et qui le distingue, justement, d'une horloge. «A partir de cet effort fait pour imiter les créatures vivantes semble s'être développée d'abord, écrit Helmholtz, une autre idée, qui est devenue en quelque sorte la nouvelle pierre philosophale du dix-septième et du dix-huitième siècle. Il s'agissait de construire un perpetuum mobile. On entendait par là une machine qui, sans être remontée, sans que pour la faire fonctionner, on ait besoin d'utiliser une chute d'eau, le vent ou d'autres forces naturelles, resterait d'elle-même continuellement en mouvement, en produisant à partir d'elle-même de façon ininterrompue sa force motrice. Les animaux et les hommes semblaient correspondre pour l'essentiel à l'idée d'un mécanisme de cette sorte, car ils se mouvaient avec vigueur et en permanence, pendant toute la durée de leur vie, personne ne les remontait ou ne les poussait. On n'était pas capable de se faire une idée juste du lien qui existe entre l'absorption de nourriture et le développement de forces. La nourriture ne semblait nécessaire que pour graisser en quelque sorte les rouages de la machine animale, remplacer ce qui est usé, renouveler ce qui est devenu vieux. La production de force à partir de soi-même semblait être la particularité la plus essentielle, la quintessence véritable de la vie organique. Si l'on voulait par conséquent construire des imitations d'hommes, il fallait d'abord inventer le perpetuum mobile. »[5]

Un dispositif capable de réaliser le mouvement perpétuel serait par exemple le suivant, que décrit Helmholtz. Dans certaines usines, où l'on disposait d'un excédent de force hydraulique, on a utilisé celui-ci pour faire frotter l'un contre l'autre deux disques d'acier de grandes dimensions dont l'un tournait rapidement autour de son axe, de sorte qu'ils se chauffaient l'un et l'autre fortement. La chaleur obtenue servait à chauffer la pièce et fournissait par conséquent un poêle sans combustible. Si maintenant la chaleur fournie par les disques avait été suffisante pour chauffer une petite machine à vapeur qui aurait été à son tour en mesure de maintenir les disques en mouvement, on aurait obtenu un perpetuum mobile. Or l'impossibilité d'un perpetuum mobile, que ce soit par l'utilisation de la seule énergie mécanique ou par l'utilisation d'autres formes d'énergie comme la chaleur, l'électricité, le magnétisme, la lumière ou l'énergie chimique, n'a été établie de façon définitive et tout à fait générale que vers le milieu du dix-neuvième siècle. Jusque là les constructeurs de machines et d'automates pouvaient encore rêver plus ou moins d'un mécanisme qui serait capable de créer par lui-même de l'énergie ou, tout au moins, de reconstituer, directement ou au terme d'un cycle de transformations impliquant des formes d'énergie diverses, et de rendre à nouveau disponible dans son intégralité la quantité d'énergie qui devait lui être fournie pour assurer son fonctionnement.

Helmholtz remarque que les progrès spectaculaires qui ont été réalisés à la fin du Moyen Age et au début des temps modernes dans les sciences de la nature et notamment dans la maîtrise théorique et pratique des principes de la mécanique avaient fait naître un optimisme et une confiance démesurés. On s'est imaginé qu'aucun problème n'était désormais insoluble et l'on s'est attaqué, au contraire, immédiatement à ceux qui étaient justement les plus difficiles et les plus embrouillés, en particulier à celui qui consistait à construire des automates capables de simuler exactement le comportement des êtres humains et des animaux : « L'étonnement du siècle précédent a été le canard de Vaucanson, qui mangeait et digérait, le joueur de flûte du même maître, qui bougeait correctement tous ses doigts, l'enfant écrivant de Droz l'ancien et la joueuse de piano de Droz le jeune, qui tout en jouant suivait des yeux ses mains et, l'exécution une fois achevée, se levait pour faire à l'assistance une révérence polie. Il serait incompréhensible que des hommes comme ceux que j'ai cités, dont le talent peut rivaliser avec celui des têtes les plus inventives de notre siècle, aient pu consacrer une quantité aussi énorme de temps et de peine et une pareille dépense de perspicacité dans la réalisation de ces automates, qui ne nous apparaissent plus que comme un amusement extrêmement enfantin, s'ils n'avaient pas espéré pouvoir résoudre également pour de vrai ce même problème. L'enfant écrivant de Droz l'ancien a encore été montré publiquement en Allemagne il y a quelques années. Son système de rouages est si compliqué qu'aucune tête seulement tout à fait ordinaire ne suffirait simplement pour déchiffrer son mode de fonctionnement. Mais si l'on nous raconte que cet enfant et son constructeur, soupçonnés de magie noire, sont supposés avoir passé un certain temps dans les geôles de l'inquisition espagnole et n'avoir obtenu qu'avec beaucoup de peine leur libération, il ressort de cela que la ressemblance de ces jouets eux-mêmes avec des hommes paraissait à cette époque-là suffisamment grande pour faire suspecter même leur origine natuelle. Et même si ces mécaniciens n'avaient peut-être pas l'espoir d'insuffler aux créatures de leur intelligence une âme avec des perfections morales, bien des gens se passeraient néanmoins volontiers des perfections morales de leurs serviteurs, si leurs imperfections morales étaient en même temps éliminées, et si l'on obtenait en outre la régularité d'une machine, de même que la durabilité du laiton et de l'acier à la place de la caducité de la chair et des membres. » (*ibid.*, p. 101-102) On raconte qu'effectivement, lorsque les androïdes de Jaquet-Droz père furent présentés à la cour du roi d'Espagne, Ferdinand VI, les spectateurs se prosternèrent devant ces « hommes mécaniques » comme devant des dieux. En revanche, l'idée que le constructeur aurait été, à la suite de cela, soupçonné de sorcellerie et incarcéré pour cette raison semble être une simple légende.

Les mécanismes que décrit Helmholtz sont, bien entendu, postérieurs de plus d'un siècle à l'époque de Descartes. Mais le Moyen Age et le dix-septième siècle avaient déjà produit des automates qui étaient, dans certains cas, suffisamment perfectionnés pour faire douter le profane de leur origine purement mécanique. On voit ici clairement que, tout comme l'extraordinaire diversité de mouvements spontanés dont est capable un animal peut sembler exiger l'action d'un principe qui n'est pas naturel et, en tout cas, pas simplement mécanique, les constructeurs dont les automates faisaient l'effet de véritables prodiges inexplicables pouvaient être soupçonnés d'avoir partie liée avec des puissances surnaturelles et, plus précisément, avec celles du mal. La position de Descartes sur ce point est qu'au moment où il écrit, on commence à peine à avoir une idée exacte de ce qui peut être réalisé et expliqué par les moyens de la mécanique et d'elle seule. Dans *l'Entretien avec Burman*, il dit que : «Nous n'avons pas été assez accoutumés à considérer les machines, et c'est l'origine de presque toutes les erreurs en philosophie.» (P, p. 1394) Il n'y a, selon lui, aucune raison de supposer que le corps d'un animal ou d'un homme ne pourrait pas comporter une machinerie interne, pour l'instant encore largement inexplorée et inconnue, mais, en tout cas, suffisamment compliquée et perfectionnée pour rendre compte de tous les mouvements que nous observons. En revanche, il y a une chose que, comme l'explique Descartes dans un passage célèbre de sa lettre au marquis de Newcastle du 23 novembre 1646, on ne pourrait certainement pas expliquer de cette façon. Si l'on se demande comment nous pouvons être certains que les autres êtres humains ne sont pas, comme les animaux, de simples automates, la réponse est qu'aucune machine ne serait capable d'utiliser, comme ils le font, le langage de façon appropriée dans une infinité de situations différentes et qui sont pour la plupart nouvelles. «Il n'y a aucune de nos actions extérieures, écrit Descartes, qui puisse assurer ceux qui les examinent, que notre corps n'est pas seulement une machine qui se remue de soi-même, mais qu'il y a aussi en lui une âme qui a des pensées, excepté les paroles, ou autres signes faits à propos des sujets qui se présentent, sans se rapporter à aucune passion.» (AT, IV, p. 574) Autrement dit, rien n'interdit de supposer que l'on pourrait en principe expliquer par la mécanique toute la variété des mouvements et des actions externes dont le corps humain est capable, à l'exception d'une seule chose. Aucune machine concevable ne pourrait disposer du nombre d'organes et d'agencements possibles de ces divers organes qui serait nécessaire pour reproduire toute la diversité des pensées que nous sommes capables de concevoir et d'exprimer par le langage en rapport avec des situations qui sont elles-mêmes infiniment diverses et la plupart du temps imprévisibles.

3. QUEL GENRE DE MACHINE EST LE CORPS ?

J'ai dit tout à l'heure que Descartes comparait volontiers le fonctionnement du corps humain à celui d'une machine hydraulique. Il avait pour cela une raison précise, qui réside dans sa façon de se représenter l'anatomie et la physiologie du système nerveux. Pour lui, les nerfs doivent être conçus comme des sortes de petits tuyaux, à l'intérieur desquels circule une espèce de fluide constitué de ce qu'il appelle les esprits animaux, dont le passage peut être autorisé ou empêché par tout un système de petites portes ou de valvules, comme il les appelle, qui sont situées dans les endroits les plus divers du corps et, en particulier, à l'entrée des muscles. Après avoir évoqué « les grottes et les fontaines qui sont aux jardins de nos Rois », il explique que « l'on peut fort bien comparer les nerfs de la machine que je vous décris, aux tuyaux des machines de ces fontaines ; ses muscles et ses tendons, aux autres divers engins et ressorts qui servent à les mouvoir ; ses esprits animaux, à l'eau qui les remue, dont le cœur est la source, et les concavités du cerveau sont les regars » (*Traité de l'homme*, AT, XI, p. 130). En dépit de la représentation inadéquate qu'il se fait de la structure réelle des nerfs et de son ignorance de ce que peut être la nature exacte de l'influx neveux (même à l'époque de Helmholtz, qui a réussi pour la première fois, en 1850, à mesurer la vitesse de celui-ci, la question était encore loin d'être véritablement résolue), il faut remarquer que Descartes, au moins implicitement, ne formule en fait rien de moins, comme l'a remarqué McCulloch, que ce que nous appellerions aujourd'hui la première grande hypothèse du codage de l'activité nerveuse. Dans le cas de la perception visuelle, par exemple, il donne une description tout à fait exacte de la façon dont une image inversée de l'objet est produite sur le fond de l'œil ; et cette image est ensuite projetée, par l'intermédiaire des fibres du nerf optique, sur la surface intérieure du cerveau. Mais de là jusqu'à ce que l'on peut considérer comme la valve maîtresse de son système hydraulique, à savoir la glande pinéale, Descartes ne pense pas qu'il puisse y avoir suffisamment de tubes parallèles pour transmettre à nouveau l'image sous la même forme ; et il suppose, par conséquent, qu'elle doit être véhiculée par des séquences temporelles d'impulsions nerveuses qui, comme dit McCulloch, n'ont pas besoin de ressembler plus à l'objet représenté que les mots du langage à ce qu'ils désignent[6]. Je n'ai pas besoin d'insister ici sur les raisons que peuvent avoir les théoriciens de la vision comme McCulloch de trouver cette idée tout à fait moderne.

Mais il vaut peut-être la peine d'ouvrir ici une parenthèse sur les différents modèles qui ont été utilisés successivement ou simultanément pour essayer de représenter le fonctionnement de l'être vivant en général et de son système nerveux en particulier. On a proposé[7] de distinguer essentiellement quatre espèce ou familles de machines, dont trois seulement pourraient être proposées sérieusement pour cette fin. La première est celle de ce qu'on peut appeler les outils. Ceux-ci peuvent être considérés, du point de vue fonctionnel, comme de simples extensions de nos membres et servent essentiellement à transmettre des forces qui ont pour origine nos propres muscles. C'est vrai, même lorsque, comme dans le cas du levier ou de la poulie, ils nous procurent un avantage mécanique qui peut être très important. On peut remarquer, du reste, qu'on appelle encore aujourd'hui — c'est même la désignation consacrée — « machines simples » des instruments comme le levier, la poulie, le treuil ou le plan incliné, en dépit du fait que ce ne sont certainement pas des machines au sens auquel une horloge ou une machine à vapeur sont des machines. Les dispositifs de ce genre ne disposent, en effet, d'aucune possibilité d'action « indépendante » et ne pourraient donc être comparés aux êtres vivants.

La deuxième espèce de machines est celle de ce qu'on peut appeler les horloges, autrement dit de tous les dispositifs qui sont capables d'emmagasiner de l'énergie mécanique potentielle et de la libérer ensuite à un moment choisi ou sur une période de temps plus ou moins longue. Les arcs, les arbalètes et les catapultes, par exemple, pourraient, bien entendu, être considérés encore comme des horloges dans ce sens élargi. Descartes, comme on l'a vu, soutient que les animaux sont simplement des horloges très perfectionnées. Mais la comparaison avec les horloges a deux inconvénients majeurs.

1) l'horloge a une possibilité d'action dont on peut contester qu'elle soit réellement autonome et qui est, de plus, limitée sérieusement dans le temps, et 2) les êtres vivants sont, bien entendu, capables d'emmagasiner de l'énergie, mais ils ne le font pas, comme les horloges, sous la forme de tension mécanique et, aussi longtemps que l'on reste prisonnier d'une idée de ce genre, on a peu de chance de réussir à comprendre de quelle façon ils le font.

La troisième espèce de machines est celle des machines à feu. Ces machines-là transforment de l'énergie thermique en énergie mécanique. L'énergie qu'elles utilisent réside dans le combustible qui leur est fourni et l'on peut dire de celui-ci qu'il sert réellement à alimenter la machine, tout comme la nourriture constitue le combustible qui est utilisé par l'organisme vivant. La comparaison avec l'être vivant devient donc beaucoup plus intéressante, puisque pour fonctionner, ces machines-là n'ont pas besoin d'être actionnées par des forces mécaniques quelconques, mais seulement d'être alimentées. Et, comme elles n'ont pas besoin non plus d'être remontées, elles peuvent donner une impression d'autonomie beaucoup plus réelle. Descartes, comme je l'ai dit, utilise lui-même le modèle de la machine thermique, en même temps que celui de l'horloge, la source de la chaleur dans le corps, étant, d'après lui, le cœur, considéré comme une sorte de chaudière centrale. Mais il n'éprouve pas le besoin de faire une différence aussi importante que celle que nous ferions aujourd'hui entre les deux espèces de machines. Au sens très général auquel il utilise le mot « horloge », les machines à feu sont, pour lui, encore des horloges d'une certaine sorte. Elles fonctionnent, de toute façon, selon les mêmes principes, qui ne sont dans tous les cas rien d'autre que ceux de la mécanique, au sens très général auquel il utilise le mot.

La quatrième espèce de machines, dont Descartes ne pouvait évidemment avoir aucune idée, est celle des machines qui emmagasinent et transmettent non pas de l'énergie, mais de l'information. Ces machines-là ont sur les précédentes l'avantage d'être capables de rendre compte non pas seulement de l'activité de l'organisme vivant, mais également dans une certaine mesure de l'aspect intelligent et organisé de son comportement. On pourrait être tenté de dire que leur puissance n'est pas « musculaire », mais plutôt de nature « mentale ». Et c'est, bien entendu, essentiellement à des machines de cette sorte que nous songeons aujourd'hui, lorsque nous nous demandons jusqu'à quel point une machine est capable de simuler le comportement de l'être humain et pourrait même être capable, contrairement à ce que Descartes avait supposé, de penser. Il y a actuellement de nombreux théoriciens qui sont prêts à soutenir que le cerveau, s'il n'est certainement pas comparable à une horloge, n'en est pas moins probablement, en fin de compte, rien d'autre qu'un ordinateur d'une certaine sorte. On peut remarquer que déjà entre le moment où écrit Descartes et celui où écrit Helmholtz, la situation a changé dans des proportions considérables. Lorsqu'il veut décrire la structure et le fonctionnement du système nerveux, Descartes utilise, comme on l'a vu, le langage et les concepts de l'hydraulicien. La comparaison favorite de Helmholtz est bien différente : pour lui les nerfs sont comparables à des fils télégraphiques par lesquels des messages sont transmis, par exemple des terminaisons nerveuses sensitives au cerveau et du cerveau aux muscles. La notion d'énergie et celle de transformation de l'énergie, qui est essentielle dans les machines du troisième type, passe au second plan. Ce qui prend sa place est celle d'information et de communication de l'information. Le système nerveux est conçu explicitement sur le modèle d'un système de communication qui n'utilise qu'une quantité très faible d'énergie.

Pour en revenir à la question de savoir s'il est légitime ou non de supposer qu'une machine peut disposer, à défaut de l'intelligence et de la pensée, au moins d'une forme de sensibilité, il faut remarquer que, pour Descartes, il n'y avait que deux positions possibles : ou bien la sensibilité n'est pas explicable de façon naturelle et est comparable en cela à la pensée, ou bien un dispositif dont le comportement obéit entièrement à des principes mécaniques (un automate naturel ou artificiel) doit pouvoir posséder, entre autres fonctions, une sensibilité d'une certaine sorte. Il est évidemment facile aujourd'hui d'ironiser sur le mécanisme, que l'on peut trouver aussi grossier et simplificateur qu'il est, par ailleurs, ingénieux, de Descartes ou sur le côté rudimentaire de sa physiologie. Mais il ne faut pas oublier que ce qui se présente à lui, lorsqu'il s'agit de trouver une explication naturelle, n'est justement rien d'autre que le mécanisme, dans l'idée qu'il s'en fait. L'axiome fondamental de sa théorie est que des mouvements locaux suscités dans le cerveau par l'intermédiaire des nerfs doivent être suffisants pour expliquer toute la diversité des impressions sensibles que l'âme reçoit aussi bien des objets du monde extérieur que du corps auquel elle est unie.

4. LES SENTIMENTS ET LES PASSIONS DES ANIMAUX ET LES NOTRES

Contrairement à ce qui a été souvent supposé, Descartes ne songe donc pas à refuser aux animaux la sensibilité aussi bien interne qu'externe; il ne semble pas avoir de doutes sur son existence et il prétend uniquement l'expliquer d'une autre manière que ses prédécesseurs. Cela ne rend malheureusement pas pour autant sa conception plus facile à comprendre et à accepter. Le genre de sensibilité qu'il accorde aux animaux est, comme il le dit, celle qui dépend uniquement de la disposition des organes corporels : «Je ne leur refuse pas même le sentiment autant qu'il dépend des organes du corps.» (*Lettre à More*, 5 février 1649, AT, V, p. 278; P, p. 1320) Mais les états, les mouvements et les processus dont un corps en général, animé ou non, est capable par lui-même et en l'absence d'une âme quelconque, c'est-à-dire, pour Descartes, d'une âme raisonnable, doivent être considérés en principe uniquement comme des modes de l'étendue; et on peut facilement être tenté d'en conclure qu'ils sont radicalement étrangers non seulement à toute forme de pensée, mais également à toute forme de sensibilité proprement dite.

Descartes, lorsqu'il parle des passions de l'âme, commence par expliquer que, pour les connaître, il faut distinguer les fonctions de celle-ci de celles du corps. Mais les animaux, qui, d'après lui, ont des passions, n'ont pas d'âme. D'où la question : de quoi leurs passions sont-elles au juste des passions? Ce qui est une passion dans l'âme est ordinairement une action dans le corps. Et les passions de l'âme sont pour Descartes des pensées. «... Il ne reste rien en nous, écrit-il, que nous devions attribuer à notre âme, sinon nos pensées, lesquelles sont principalement de deux genres : les unes sont les actions de l'âme, les autres ses passions.» (*Les Passions de l'Âme*, AT, XI, p. 342) Il propose de définir les passions en général comme étant «des perceptions, ou des sentiments, ou des émotions de l'âme, qu'on rapporte particulièrement à elle, et qui sont causées, entretenues et fortifiées par quelque mouvement des esprits» (*ibid.*, p. 349).

Mais si, comme il l'affirme, les animaux ont des passions et n'ont même, pour ce qui concerne leur vie mentale (si l'on peut parler d'une chose de ce genre), que des passions, il faut admettre qu'il y a aussi un sens du mot «passion» auquel les passions ne sont pas dues à l'action exercée par le mouvement des esprits sur autre chose, mais doivent consister uniquement dans ce mouvement lui-même.

Si nous prenons le mot de «pensée» pour toutes les opérations de l'âme, nous devons, d'après Descartes, admettre que «même les fonctions de voir, d'ouïr, de se déterminer à un mouvement plutôt qu'à un autre, etc., en tant qu'elles dépendent d'elles, sont des pensées» (AT, II, p. 36). Mais que sont-elles exactement, lorsque, comme c'est le cas chez les animaux, elles ne dépendent pas d'elles? On peut penser que ce qui fait problème, chez Descartes, n'est pas la tendance, qu'on lui a si souvent reprochée, à considérer les sensations internes et externes elles-mêmes comme des modes de la pensée, «des façons de penser confuses», comme il le dit, mais plutôt le peu d'éclaircissements qu'il nous donne sur ce que peuvent être les sensations, lorsqu'elles ne sont pas des modes de la pensée. Guéroult explique remarquablement bien le problème que soulève, dans le cartésianisme, la position du sensible en général, lorsqu'il écrit : «Le sensible, en tant que sensible, est exclu radicalement de l'essence de l'âme, tandis qu'il est, en tant que représentation, non moins radicalement exclu de l'essence du corps. En même temps, il doit se rapporter à l'âme en tant que représentation, laquelle suppose la pensée, tandis qu'en tant que sensible il se rapporte au corps, le sensible étant seul capable de nous donner son existence. Le sensible apparaît alors comme un entre-deux exclu de partout, qui n'a sa place, ni dans l'âme, ni dans le corps, en tant que tels, bien qu'en même temps il se rapporte nécessairement aux deux : à l'âme, par la faculté de penser qu'il implique, bien qu'il répugne à son essence par son contenu; au corps, comme ce sans quoi son existence ne nous serait jamais donnée, quoi qu'il répugne en soi à la nature de celui-ci.»[8] Mais la difficulté est que, dans le cas des animaux, le sensible ne peut même pas être un entre-deux exclu de partout, puisqu'il manque les deux termes entre lesquels il pourrait se situer, tout en étant exclu de chacun d'eux. On ne peut pas considérer la sensibilité comme une propriété du composé lui-même, tout en admettant, par ailleurs, qu'elle répugne intrinsèquement à la nature de chacun des deux composants, puisque l'animal n'est pas, comme nous, composé d'une âme et d'un corps.

La conséquence qui résulte de cela est la suivante : lorsqu'on dit, comme le fait Descartes, que les animaux ont des perceptions aussi bien internes qu'externes, cela ne signifie-t-il pas simplement qu'ils sont capables de réagir de façon différenciée et même quelquefois très élaborée à des stimulations internes et externes diverses, mais sans que ces réactions aient besoin d'être médiatisées par la présence d'états internes représentationnels quelconques ? Si Guéroult a raison de dire que le sensible, en tant que représentation, ne peut se rapporter qu'à la faculté de pensée, la réponse est, bien entendu, évidente. Descartes dit, il est vrai, que, lorsque nous voyons des objets, « ce ne sont pas immédiatement les mouvements qui se font en l'œil, mais ceux qui se font dans le cerveau, qui représentent à l'âme ces objets » (*Les Passions de l'Âme*, p. 338). Et rien n'empêche le cerveau d'un animal qui voit d'être affecté de mouvements sensiblement identiques à ceux d'un être humain qui voit la même chose. Mais que se passe-t-il, dans le cas de l'animal, si dire que la chose vue est représentée veut dire que le cerveau, dont on peut admettre sans difficulté que les mouvements en constituent une représentation matérielle, doit, en outre, la représenter à l'âme ?

Descartes dit aussi que « ce sont ces diverses pensées de notre âme, qui viennent immédiatement des mouvements qui sont excités par l'entremise des nerfs dans le cerveau, que nous appelons proprement nos sentiments, ou bien les perceptions de nos sens » (*Principes de la philosophie*, IV, 189). Et cela suggère qu'il existe aussi un sens dérivé et impropre ou, en tout cas, moins approprié auquel nous pouvons parler de nos perceptions et qui pourrait être, justement, le sens propre auquel on peut parler des perceptions des animaux. Lorsque nous voyons la lumière d'un flambeau et entendons le son d'une cloche, la lumière, d'une part, et le son, d'autre part, produisent des mouvements d'une certaine sorte dans certains de nos nerfs et, par leur intermédiaire, dans le cerveau, ce qui donne à l'âme deux sentiments différents, « lesquels, dit Descartes, nous rapportons tellement aux sujets que nous supposons être leurs causes, que nous pensons voir le flambeau même et ouïr la cloche, non pas sentir seulement des mouvements qui viennent d'eux » (*Les Passions de l'Âme*, p. 346). Il faut donc distinguer deux choses : le sentiment que nous avons des mouvements qui sont suscités dans notre corps par l'action des objets du monde extérieur sur notre appareil sensoriel et le jugement par lequel ils sont rapportés aux objets du monde extérieur et qui constitue la perception proprement dite. Considérée sous le premier aspect, la perception ne peut pas être trompeuse, puisque le sentiment que j'ai d'être affecté d'une certaine façon, considéré indépendamment de sa cause réelle ou possible, ne peut donner lieu à aucune erreur. Mais elle peut être erronée, pour autant qu'elle est constituée par la pensée que je vois un objet du monde extérieur. Je peux penser que je vois un homme qui s'approche, alors que je ne le vois pas, par exemple parce que je suis victime d'une illusion d'optique ou d'une hallucination.

Mais de quelle nature est exactement la relation qui existe entre «Je vois», utilisé dans le sens ordinaire de cette expression, et «Je pense voir» ou «Je pense que je vois»? Si Descartes veut dire que «Je vois un homme qui s'approche» signifie, au sens propre, «Je pense que je vois un homme qui s'approche», cela justifie certainement son idée que voir est à proprement parler une opération de l'âme et que c'est, en toute rigueur, l'âme, et non le corps, qui voit. Mais ce n'est manifestement pas très satisfaisant, parce que, si la perception est un jugement, «Je vois un homme qui s'approche» doit signifier que je juge, sur la base de certaines impressions visuelles, qu'il y a un homme qui s'approche», et non que «je juge que je vois un homme qui s'approche». Le jugement de perception doit avoir pour objet proprement dit un état de choses du monde extérieur, dont il affirme qu'il est réalisé, et non un état du corps qui serait constitué, en l'occurrence, par des mouvements d'une certaine sorte qui ont été engendrés dans le cerveau par la transmission de l'excitation nerveuse due à l'action exercée par un objet extérieur sur notre appareil visuel. Si la perception doit être une forme de jugement, ce qui déjà ne va pas du tout de soi, cette forme ne semble pas pouvoir être celle de «Je crois ou je pense (de façon correcte ou erronée) que je perçois». Au sens propre de l'expression, puisque c'est celui-là qui intéresse Descartes, «Je vois que p» ne veut pas dire «Je pense que je vois, dans un sens différent du mot «voir» (le sens corporel), que p».

5. EST-CE L'ÂME OU LE CORPS QUI SENT ?

Arnauld imagine le dialogue suivant entre deux cartésiens qui se promènent ensemble : « Savez-vous, dit l'un, pourquoy la neige est blanche, que les charbons sont noirs, et que les charognes sont puantes ? Voilà de sottes questions, répondit l'autre ; car la neige n'est point blanche, ni les charbons noirs, ni les charognes puantes, mais c'est votre âme qui est blanche quand vous regardez la neige, qui est noire quand vous regardez des charbons, et qui est puante quand vous estes proche d'une charogne. Je suppose qu'ils étaient d'accord pour le fond de la doctrine : mais je demande qui parlait le mieux ; et je soûtiens que c'était le premier et que la censure du deuxième n'était pas raisonnable. »[9] Je cite ce passage non pas parce que je soupçonne Descartes d'avoir pensé non seulement que c'est en toute rigueur l'âme, et non le corps, qui voit les couleurs, mais également que, lorsqu'elle voit un objet coloré, c'est, à proprement parler, l'âme elle-même, et non l'objet qui est coloré, mais parce qu'il fournit une excellente occasion de s'interroger sur la façon dont nous devons décrire ce qui se passe lorsque les animaux, qui n'ont pas d'âme et ne disposent pas de la capacité de les rapporter par le jugement aux objets extérieurs, voient des couleurs et s'en servent, comme nous, pour distinguer entre les objets. Le sens auquel ils perçoivent les couleurs doit être le deuxième sens, impropre, du mot « perception », celui auquel la perception est séparée aussi bien de la pensée et du jugement que de la représentation d'une réalité objective en général. Mais, si tout ce que l'on peut dire est que les animaux ont au moins des sensations ou des impressions visuelles de couleur auxquelles ils réagissent de différentes façon, il faut au moins être certain qu'il peuvent avoir des sensations ou des impressions en général.

Pour éclairer la position difficile que Descartes essaie de tenir sur ce point, il est utile de considérer d'un peu plus près ce qu'il dit sur la façon dont aussi bien les sens internes que les sens externes sont exposés au risque de l'erreur. Les sens internes, qui sont, pour lui, au nombre de deux, ont pour objets des propriétés du corps percevant, plutôt que des propriétés des objets du monde extérieur, des choses comme la faim, la soif, et tous les autres appétits naturels, d'une part, la joie, la tristesse, l'amour, la colère et toutes les autres passions, d'autre part. Dans le *Traité des passions*, il mentionne les perceptions que nous avons « de la faim, de la soif et de nos autres appétits naturels, à quoi on peut joindre la douleur, la chaleur et les autres affections que nous sentons comme dans nos membres, et non pas comme dans les objets qui sont hors de nous» (p. 346-347). Et il dit clairement que la distinction des sens externes et des sens internes peut s'appliquer aussi bien aux animaux et aux machines qu'à des êtres qui sont, comme nous, doués de raison. Or les perceptions internes sont susceptibles de donner lieu à des erreurs qui sont exactement du même type et s'expliquent de la même façon que celles des perceptions externes. «Car, dit Descartes, y a-t-il chose plus intime ou plus intérieure que la douleur et cependant j'ai autrefois appris de quelques personnes qui avaient les bras et les jambes coupés qu'il leur semblait encore quelquefois sentir de la douleur dans la partie qui leur avait été coupée; ce qui me donnait sujet de penser, que je ne pouvais aussi être assuré d'avoir mal à quelqu'un de mes membres, quoique je sentisse en lui de la douleur.» (*Sixième Méditation*, AT, VII, p. 77; P, p. 322) Descartes traite explicitement le cas de la douleur ressentie dans le membre fantôme de la même façon que celui de la tour qui est vue ronde, lorsqu'on la regarde d'une certaine distance, et carrée, lorsqu'on la regarde de plus près. Il ne considère donc pas du tout la douleur ressentie à un endroit donné du corps comme une donnée incorrigible, sur laquelle le doute ne peut pas avoir de prise, puisque je peux très bien croire à tort à la présence d'une douleur dans le pied que je n'ai plus. Mais le point délicat est justement de savoir sur quoi porte exactement l'erreur. Il est tentant de se dire que, si j'ai la sensation d'une douleur dans le pied, la sensation de douleur et les propriétés qu'elle possède, au nombre desquelles figure la localisation, sont bien réelles et que la présence de la sensation de douleur ne se distingue pas réellement de celle de son objet, à savoir de la douleur elle-même. Mais ce n'est manifestement pas de cette façon que Descartes voit les choses. Il tient à maintenir une distinction entre la douleur et la sensation que j'en ai. La douleur, en tant que propriété attribuable au corps et consistant dans un état du corps, en l'occurrence un ébranlement d'une violence inhabituelle ou une rupture provoquée dans un nerf, peut être présente sans que j'en aie connaissance, comme par exemple lorsqu'une distraction appropriée réussit à me faire oublier une douleur qui est pourtant là; et, inversement, l'âme peut sentir, autrement dit, juger que la douleur est là, alors qu'en réalité elle ne l'est pas.

Il se peut que la difficulté que nous avons à comprendre, sur ce point, Descartes provienne essentiellement de l'habitude que nous avons prise de considérer la douleur comme étant par essence une chose de nature mentale et, plus précisément, un état mental conscient. Une même douleur peut être suscitée par les causes physiques, extra- ou intra-corporelles, les plus diverses, qui ne sont pas forcément celles que nous croyons, mais cela n'est pas censé affecter de façon quelconque les propriétés qu'elle possède en tant qu'état mental conscient. Descartes, comme je l'ai dit, considère les choses autrement. Pour lui le sentiment (la perception) que nous avons de la douleur a un statut qui est tout à fait comparable à celui que nous avons d'une chose extérieure que nous percevons. Ce qu'il faudrait dire dans le cas de l'anesthésie est donc probablement que la douleur n'est pas supprimée, mais est en réalité toujours là, et simplement non perçue. L'expérience de la douleur qui peut être ressentie dans le membre amputé constitue, pour Descartes, une preuve du fait que «la douleur de la main n'est pas sentie par l'âme en tant qu'elle est dans la main, mais en tant qu'elle est dans le cerveau» (*Principes*, IV, 196). Mais on a envie de lui objecter qu'il faut bien, justement, que la douleur soit sentie directement comme étant dans la main, et non comme étant dans le cerveau ou à un autre endroit quelconque, pour que l'on puisse parler, en l'occurrence, de l'illusion d'une douleur ressentie dans la main.

En d'autres termes, la douleur est traitée par lui comme un sensible spécial, et non comme ce que nous aurions tendance à appeler plutôt une donnée immédiate de la conscience. «Car, nous dit-il, encore que nous n'ayons pas cru qu'il y eût hors de nous, dans les objets extérieurs, des choses qui fussent semblables au chatouillement ou à la douleur qu'ils nous faisaient sentir, nous n'avons pourtant pas considéré ces sentiments comme des idées qui étaient seulement en nôtre âme; mais nous avons cru qu'ils étaient dans nos mains, dans nos pieds et dans les autres parties de notre corps, sans toutefois qu'il y ait aucune raison qui nous oblige à croire que la douleur que nous sentons, par exemple au pied, soit quelque chose hors de notre pensée qui soit dans notre pied, ni que la lumière que nous pensons voir dans le soleil soit dans le soleil ainsi qu'elle est en nous.» (*Principes*, I, 67) D'après Descartes, nous connaissons clairement et distinctement la douleur et les autres sentiments, lorsque nous les considérons uniquement comme des pensées, mais pas lorsque nous jugeons qu'elles sont des choses qui subsistent en dehors de notre pensée (*ibid.*, 68). C'est ce qui lui permet de répondre à la question de savoir pourquoi on peut conclure légitimement de *cogito* à *sum*, mais pas par exemple de *video* ou de *ambulo* à *sum*. La raison de cela est que je peux parfaitement être dans l'erreur, lorsque je juge que je vois ou que je marche, par exemple simplement en train de rêver. Mais il y a au moins une chose dont j'ai une perception claire et distincte et qui ne peut pas être fausse, dans les cas de cette sorte, et que Descartes exprime en disant qu'il me semble que je vois ou que je marche. C'est du moins ce que dit la traduction française. Des expressions latines comme «videor me videre» ou «mihi videtur me videre» semblent pouvoir signifier en fait aussi bien «J'ai l'impression que je vois» que «Je crois ou je suis d'avis que je vois». Et la même chose est vraie de l'expression «sibi videri dolorem sentire». Au premier sens, la chose dont je ne peux douter et dont je peux conclure que je suis est que j'ai des impressions visuelles qui sont celles d'un objet de telle ou telle nature (quelque chose comme ce que les modernes ont pris l'habitude d'appeler des *sense-data*). Au deuxième sens, elle est quelque chose de bien différent, à savoir la pensée ou le jugement que je vois un objet de telle ou telle sorte. Ce jugement peut, bien entendu, comme mes impressions visuelles, être erroné, mais je ne peux, en tout cas, pas me tromper en jugeant que je juge que je vois.

Une bonne partie des difficultés et des réticences que peut susciter chez le lecteur moderne une conception comme celle de Descartes s'explique aisément, si on considère la distinction fameuse qu'il fait, dans les *Sixièmes Réponses*, entre les trois degrés du sentiment. Le premier degré est celui qui correspond aux mouvements suscités immédiatement dans l'organe corporel par les objets extérieurs. Le deuxième à «tout ce qui résulte immédiatement en l'esprit, de ce qu'il est uni à l'organe corporel ainsi mû et disposé par ses objets» (AT, VII, p. 437, 539); et il s'agit de choses comme le sentiment de la douleur, du chatouillement, de la faim, de la soif, des couleurs, des sons, des saveurs, des odeurs, du chaud, du froid, etc. Le troisième aux jugements divers que nous sommes amenés à formuler à l'occasion des impressions ou des mouvements qui ont lieu dans les sens. Dans ce que nous appelons la perception visuelle d'un bâton, par exemple, il faut donc distinguer trois choses : 1) les mouvements suscités dans le nerf optique et, par son intermédiaire, dans le cerveau; c'est le premier degré du sentiment et nous l'avons en commun avec les bêtes, 2) la perception de la couleur et de la lumière qui est réfléchie par le bâton, que Descartes explique en parlant d'une union si étroite qui existe entre l'esprit et le cerveau que le premier est en quelque sorte touché lui-même directement par les mouvements qui ont lieu dans le deuxième, et enfin 3) le jugement par lequel la couleur est attribuée au bâton qui se trouve en dehors de moi et qui constitue une opération de l'entendement.

Dans l'usage que nous en faisons aujourd'hui, des mots comme «sentir» et «sentiment» ont tendance à être beaucoup plus spécialisés qu'ils ne l'étaient à l'époque de Descartes et semblent s'appliquer essentiellement à ce qu'il appelle le deuxième degré du sentiment. Même s'il a encore le sens d'opinion ou d'avis que l'on a, ou de jugement que l'on porte sur une question, dans des expressions comme «Mon sentiment est que...», il est beaucoup moins naturel aujourd'hui d'utiliser le mot «sentiment» pour désigner une opération de nature intellectuelle : on a tendance a rattacher son usage de façon plus exclusive aux sens et à l'affectivité, et beaucoup moins à l'intellect. D'autre part, ce que Descartes appelle le premier degré du sentiment est probablement une chose que nous hésiterions à appeler un degré quelconque du sentiment, puisqu'il n'a, chez lui, rien de psychique et n'est constitué que par des mouvements qui ont lieu dans le cerveau. Dire que ce degré du sentiment est le seul qui soit accessible aux animaux a donc de fortes chances de suggérer la conclusion que, justement, ils ne sentent pas. Mais, en même temps, il faut remarquer que, pour un partisan de la théorie dite de l'identité, qui considère que les états mentaux *sont* des états cérébraux, la sensibilité chez l'homme lui-même n'exige en principe rien de plus que la possession d'un cerveau approprié et il n'y a pas de raison de croire que, si le mot «sentir» s'applique également aux animaux, ce ne peut être, comme le croit Descartes, que dans un sens partiel ou dégradé.

Descartes proteste contre certaines interprétations qui ont été données de sa position en disant qu'il n'a jamais dénié aux animaux «ce que vulgairement on appelle vie, âme corporelle et sens organique» (*Sixièmes Réponses*, AT, VII, p. 426; P, p. 530). Il est donc prêt à accorder aux animaux une âme, mais à la condition qu'on n'oublie pas qu'il s'agit d'une âme matérielle. «Vous dites, écrit-il dans sa lettre à Voet, qu'on ne prouve pas l'immortalité de l'âme de l'homme en montrant que, par la puissance extraordinaire de Dieu, elle peut exister indépendamment du corps, parce qu'on peut en dire autant de l'âme du chien. Je le nie : l'âme du chien étant corporelle, en d'autres termes, étant une espèce de matière subtile, il est contradictoire de la séparer du corps.» («Lettre à Voet», in *La querelle d'Utrecht*, p. 387) Et on pourrait être tenté de conclure de tout cela qu'il accorde précisément aux animaux tout ce qu'un théoricien moderne qui n'est pas disposé à accepter le dualisme cartésien est prêt à leur accorder. Dans la lettre à More du 5 février 1649, Descartes explique qu'«il faut distinguer deux principes différents des mouvements; l'un tout mécanique et corporel, qui dépend de la seule force des esprits animaux et de la seule conformation des membres, et qui peut être appelé une âme corporelle; l'autre incorporel, savoir l'esprit ou cette âme que j'ai définie substance pensante...» (AT, V, p. 276; P, p. 1318). Le point crucial est que, d'après lui, tous les mouvements des esprits animaux peuvent procéder du seul principe corporel et mécanique; et c'est la raison pour laquelle il est impossible de démontrer l'existence d'une âme pensante chez les bêtes. Mais, au sens dont il s'agit, il est clair que non seulement un animal, mais également une machine non animale douée d'une constitution appropriée peuvent possséder ce qu'il appelle une âme corporelle.

6. QU'EST-CE QU'«AVOIR MAL» POUR UN ANIMAL ?

La difficulté qui demeure est évidemment que, pour Descartes, le deuxième degré du sentiment ne peut pas être constitué par des états du cerveau et que c'est la raison pour laquelle les animaux ne peuvent y accéder. Il décrit, en effet, de la façon suivante ce qui se passe lorsque je ressens une douleur dans le pied : «Ainsi, par exemple, lorsque les nerfs qui sont dans le pied sont remués fortement, et plus qu'à l'ordinaire, leur mouvement, passant par la moëlle de l'épine du dos jusqu'au cerveau, fait une impression à l'esprit qui lui fait sentir quelque chose, à savoir de la douleur comme étant dans le pied, par laquelle l'esprit est averti et excité à faire son possible pour en chasser la cause, comme très dangereuse et nuisible au pied.» (*Sixième Méditation*, AT, VII, p. 88; P, p. 332) Et il insiste sur le fait que le mouvement suscité dans le cerveau aurait pu faire une impression tout à fait différente sur l'esprit et, par exemple, l'informer simplement de ce qui se passe dans le cerveau lui-même ou de ce qui se passe quelque part entre le cerveau et le pied. Ce qui explique ce que nous appellerions le «contenu qualitatif» ou la «qualité phénoménologique» spécifiques de la sensation de douleur est simplement le fait qu'il était important que l'information soit reçue sous une forme qui soit de nature à susciter les réactions de conservation appropriée, plutôt que, par exemple, sous la forme d'une simple perception, affectivement neutre, du dommage corporel subi.

Or il faut supposer que, chez l'animal qui souffre, les réactions de défense et de protection appropriées doivent pouvoir être produites directement par le déclenchement des mouvements requis et sans l'interposition de la sensation de douleur, considérée, selon l'expression de Descartes, comme un avertissement donné à l'esprit. Pour lui, en effet, le cerveau lui-même ne semble capable d'aucun état qui puisse être assimilé à ce que nous appellerions le sentiment de la douleur, au sens propre de l'expression, qu'il s'agisse de l'impression immédiate ou du jugement qui asserte l'existence de la douleur à un endroit donné dans le corps ou, comme dit Descartes, comme étant à cet endroit. Arnauld trouve «incroyable d'abord, qu'il puisse se faire, sans le ministère d'aucune âme, que la lumière qui réfléchit du corps du loup dans les yeux de la brebis, remue les petits filets des nerfs optiques, et qu'en vertu de ce mouvement, qui va jusqu'au cerveau, les esprits animaux soient répandus dans les nerfs en la manière qu'il est nécessaire pour faire que la brebis prenne la fuite» (AT, IX, p. 159-160). Or cette chose incroyable est précisément ce qu'affirme Descartes; et ce qui se passe dans le cas de la douleur n'est pas différent, à ses yeux, de ce qui se passe dans le cas de la peur : l'impression, au sens matériel et mécanique du terme, qui est produite dans les organes et transmise au cerveau, suscite directement les mouvements que nous constatons dans les muscles et dans les membres de l'animal qui a peur ou qui souffre. Parlant de la théorie des animaux-machines, Valéry écrit : «Je crois bien que l'animal blessé souffre, et ne se borne pas à mimer tout ce qu'il faut pour nous faire penser qu'il souffre. Un coup de pied agit sans doute dans deux mondes, et *fait mal*, d'une part; crier ou fuir, de l'autre. Mais, à la vérité, je n'en sais rien, et personne avec moi.»[10] Pour Descartes, s'agissant de l'animal, le coup de pied n'agit apparemment que dans un monde et on ne peut même pas parler, en toute rigueur, des expressions naturelles des émotions et des passions comme d'une mimique qui a pour fonction de nous faire penser à des choses qui se passent dans un autre. Car nous commettrions dans ce cas une erreur caractérisée.

Ce qui est le plus difficile à accepter aujourd'hui dans la conception de Descartes est certainement son idée que nous pouvons assurément continuer à utiliser des mots comme «sentiment» et même «esprit» ou «âme» à propos des bêtes, à la condition de ne pas perdre vue qu'ils sont simplement utilisés dans un autre sens. On ne sait pas, du reste, s'il faut dire que les prédicats psychologiques en général sont utilisés de façon ambiguë, mais dans deux sens apparentés, ou, ce qui est plus préoccupant, comme de purs et simples homonymes, selon qu'ils ont pour sujet réel une âme ou, au contraire, un corps organisé qui peut très bien être celui d'un animal. Comme on l'a vu, Descartes ne refuse pas d'attribuer aux bêtes une âme que l'on peut qualifier de corporelle et dit même à un moment donné (avec l'Ecriture) que «l'âme des bêtes n'est autre chose que leur sang» (*Lettre à Plempius*, 3 octobre 1637, AT, I, p. 414). Il est vrai qu'une des dernières déclarations qu'il ait faites sur ce point comporte une curieuse atténuation par rapport à ce qui semble être sa position habituelle : «Car encore, écrit-il, que [les bêtes] n'aient point de raison, ni peut-être aussi aucune pensée, tous les mouvements des esprits et de la glande qui excitent en nous les passions ne laissent pas d'être en elles et d'y servir à entretenir et fortifier non pas comme en nous les passions, mais les mouvements des nerfs et des muscles qui ont coutume de les accompagner.» (*Les Passions de l'Âme*, AT, XI, p. 369-370) Ce passage est réellement étonnant, parce que Descartes assortit d'un «peut-être» son idée que les animaux n'ont pas de pensée, ce qui pourrait éventuellement suggérer que, s'ils n'ont pas le genre de pensée qui est réservé aux êtres doués de raison, ils pourraient néanmoins avoir des formes de pensée qui ne sont pas proprement intellectuelles et plus proches de ce qu'on serait tenté d'appeler la pensée des sens et de l'affectivité. Et en même temps il écarte explicitement cette possibilité en disant que ce ne sont pas, comme chez nous, des passions, mais simplement d'autres mouvements qu'excitent en eux les mouvements des esprits animaux et de la glande pinéale.

7. L'HÉRITAGE DE DESCARTES

Toute l'ambiguïté et la difficulté de sa position est parfaitement résumée dans ce passage et aussi toute l'importance de l'héritage ambivalent qu'ils nous a laissé. D'un côté, il y a les perspectives révolutionnaires et prodigieuses qui ont été ouvertes à la recherche scientifique par l'idée d'une mécanique des processus corporels en général, et de ceux de la perception, en particulier. Il est, du reste, facile d'oublier le temps qu'il a fallu pour que la direction qu'il a indiquée commence à être suivie de façon réelle et systématique par la physiologie et la médecine. En 1869, donc plus de deux cents ans après la mort de Descartes, Helmholtz, qui avait été lui-même pendant un certain temps un médecin praticien, a parlé de l'état désespérant dans lequel se trouvait la médecine au moment où il a fait ses études, c'est-à-dire avant que l'on ne se décide enfin à y appliquer les règles de la méthode scientifique. «Mais, dit-il, le vrai travail a apporté également ses vrais fruits plus tôt que beaucoup ne l'espéraient. L'introduction des concepts mécaniques dans la théorie de la circulation et de la respiration, la meilleure compréhension des phénomènes thermiques, la physiologie des nerfs développée de façon plus fine ont produit rapidement des conséquences de la plus haute importance; l'étude microscopique des formes de tissus parasitaires, le développement grandiose de l'anatomie pathologique ont amené irrésistiblement à se détourner de théories nébuleuses pour revenir à la réalité.»[11] Mais Helmholtz remarque aussi que ce n'est pas à la France, mais à l'Allemagne, que sont dus en premier lieu les progrès récents de la physiologie et de la médecine. Et il attribue cela à à une qualité dont nous autres Français avons tendance à considérer Descartes comme le symbole par excellence, à savoir au fait qu'il règne en Allemagne à l'époque considérée «une absence plus grande de crainte à l'égard des conséquences de la vérité pleine et entière» (*ibid.*, p. 210).

Descartes, dont tout le système avait été conçu pour aboutir finalement à une réforme de la médecine, d'une part, et de la morale, d'autre part, pensait avec raison que rien n'avait retardé davantage les progrès de la médecine qu'une erreur fondamentale dont il a déjà été question il y a un instant, à savoir celle qui consiste à attribuer à l'âme des mouvements et des actions qui proviennent en réalité du corps lui-même. «Il n'y a rien, écrit-il, à quoy l'on se puisse occuper avec plus de fruit, qu'à tascher de se connoistre soy-mesme. Et l'utilité que l'on doit esperer de cette connoissance ne regarde pas seulement la Morale, mais particulièrement aussi la Médecine; en laquelle je croy qu'on auroit pu trouver beaucoup de preceptes tres-assurez, tant pour guerir les maladies que pour les prevenir, & mesme aussi pour retarder le cours de la vieillesse, si on s'estoit assez étudié à connoistre la nature de notre corps, & qu'on n'eust point attribué à l'âme les fonctions qui ne dépendent que de lui, & de la disposition de ses organes.» (AT, XI, p. 223-224) Le perfectionnement de la médecine passe nécessairement par un approfondissement de la connaissance que nous avons du corps lui-même; et la meilleure façon d'encourager le progrès n'est certainement pas celle qui consiste à rapporter systématiquement à l'âme des fonctions et des actions qui relèvent en réalité du corps. Il n'est pas nécessaire d'insister sur l'état proprement lamentable dans lequel se trouvait la médecine officielle à l'époque de Descartes. Lui-même n'avait aucune confiance en elle et préférait, autant que possible, se soigner par des méthodes personnelles qui n'étaient pas nécessairement beaucoup plus efficaces, mais qui lui semblaient, en tout cas, plus rationnelles. Ce qui est remarquable est que, si l'on en croit Helmholtz, les raisons qui ont retardé la constitution d'une médecine scientifique et, en particulier, celle que mentionne Descartes, continuaient encore à agir très fortement dans les milieux médicaux plus de deux siècles après la mort de l'auteur du *Discours de la méthode*.

De l'autre côté de la balance cartésienne, il y a l'impossibilité de se satisfaire, une fois que l'on ne dispose plus de l'hypothèse d'un Dieu créateur, de l'idée que l'union de l'âme et du corps est une chose dont nous pouvons savoir avec certitude qu'elle est réalisée, mais que nous ne pouvons pas espérer comprendre. Il s'agit d'une chose que, justement, nous voudrions comprendre et que la science n'a pas renoncé à comprendre. Si nous ne sommes pas cartésiens sur la question des animaux, c'est parce que nous pensons que la différence qui existe entre eux et nous résulte essentiellement de la différence qu'il y a entre leur cerveau et le nôtre et que, par conséquent, Descartes n'a pas été, tout compte fait, spécialement injuste envers les animaux, mais plutôt injuste envers les possibilités du cerveau animal en général, dont le cerveau humain n'est que la forme la plus perfectionnée que l'évolution biologique ait produite. Dans une perspective naturaliste et évolutionniste comme celle qui est aujourd'hui la nôtre, il est normal de supposer que les animaux peuvent avoir des formes de pensée qui sont en rapport avec les capacités de leur cerveau. Mais un des principes fondamentaux de la théorie de Descartes est que la pensée est entièrement et exclusivement l'œuvre de âme et la propriété de l'âme. Il rejette catégoriquement l'opinion de ceux qui pensent que «les parties du cerveau concourent avec l'esprit pour former nos pensées», dont il dit qu'elle «n'est point fondée sur aucune raison positive, mais seulement sur ce qu'ils n'ont jamais expérimenté d'avoir été sans corps, et qu'assez souvent ils ont été empêchés par lui dans leurs opérations» (*Secondes Réponses*, AT, VII, p. 133; P, p. 369). Une bonne partie des pensées de l'âme, et en particulier toutes celles qui sont liées à l'usage des sens, sont formées à l'occasion de mouvements qui ont lieu dans le cerveau; mais elles ne sont en aucune façon le produit de l'activité du cerveau lui-même. Ce que peut le cerveau en l'absence d'une âme reste donc nécessairement en deçà de la pensée même la plus rudimentaire et la moins intellectuelle qui soit.

C'est, pour une part essentielle, la théorie de l'évolution qui a rendu à peu près inévitable la supposition que les animaux, du moins ceux qui ont un système nerveux central développé, possèdent des degrés inférieurs de conscience. On peut remarquer, cependant, que l'aptitude des animaux à donner des signes évidents de douleur ne constitue pas nécessairement, contrairement à ce que l'on a tendance à croire, le meilleur argument en faveur de l'idée qu'ils ont des expériences conscientes du même genre que les nôtres, pour une raison qu'Eccles expose de la façon suivante : «Vous pouvez avoir un animal décortiqué avec tous ses hémisphères cérébraux enlevés et il réagira encore à la douleur et montrera de la rage et de la peur, en fait tout l'éventail des réactions hostiles de base. On n'a pas besoin d'avoir, et nous n'avons pas besoin d'avoir les niveaux supérieurs du cortex cérébral dans la production des réactions à la lésion infligée. Tout cela peut se faire lorsque vous êtes inconscient.»[12] C'est une constatation qui va, bien entendu, plutôt dans le sens de ce que dit Descartes. Popper n'hésite pas à dire de l'hypothèse de la présence de la conscience chez les animaux, qui s'impose de façon presque irrésistible, qu'elle est néanmoins métaphysique, parce qu'elle n'est pas falsifiable, en tout cas pour le moment. Descartes avait lui-même admis explicitement, du reste, qu'en toute rigueur elle ne l'est pas.

Dans la lettre à Plempius, que j'ai déjà citée, il répond à un contradicteur qui conteste que des activités aussi nobles que la vision, par exemple, puissent provenir d'une cause aussi grossière que la chaleur, qu'il y a, justement, deux sens du mot «voir» et que les bêtes ne voient pas comme nous, lorsque nous voyons, au sens propre du terme. «Il suppose, dit-il de l'auteur de cette objection, que, selon moi, les bêtes voient de la même façon que nous, c'est-à-dire en sentant ou en pensant qu'elles voient, opinion que l'on croit avoir été celle d'Epicure et qui, même de nos jours, est approuvée de presque tout le monde. Et néanmoins (...) je fais voir assez expressément que mon opinion n'est pas que les bêtes voient comme nous lorsque nous sentons que nous voyons, mais seulement qu'elles voient comme nous lorsque notre esprit est appliqué ailleurs. En ce cas, bien que les images des objets extérieurs se peignent sur notre rétine, et peut-être aussi que leurs impressions, faites sur les nerfs optiques, déterminent nos membres à divers mouvements, nous ne sentons toutefois rien de tout cela, et nous ne nous mouvons point alors autrement que des automates, en qui personne ne dira que la chaleur naturelle ne soit pas suffisante pour exciter tous les mouvements qui s'y font.» (*A Plempius*, 3 octobre 1637, AT, I, p. 413-414; Alquié, *Descartes, Œuvres philosophiques*, tome 3, p. 786). Les bêtes peuvent donc avoir toutes les perceptions que nous avons lorsque nous percevons sans y penser et effectuer toutes les actions que nous effectuons machinalement, comme par exemple les mouvements réflexes et les mouvements convulsifs, mais aussi toutes celles qui ne requièrent rien de plus que la mémoire et l'imagination corporelles et la force de l'instinct et de l'habitude, par opposition à celle de la pensée et de la volonté. En d'autres termes, la perception, l'affectivité et le comportement des animaux s'expliquent entièrement par la physiologie, ce qui signifie, pour Descartes, par la mécanique. La douleur qu'ils sont capables d'éprouver doit, bien entendu, s'expliquer aussi de cette façon. Ils ont mal non pas comme nous, lorsque, comme dit Descartes, nous sentons que nous avons mal, mais comme nous lorsque notre esprit est occupé ailleurs et que la douleur, bien que présente, n'est pas perçue, en tout cas pas consciemment.

La réaction spontanée que l'on a est de dire qu'une chose essentielle et constitutive de ce qu'on appelle «sentir» a été oubliée dans la description, à savoir ce qu'on appelle les «expériences subjectives», les «qualités phénoménologiques» ou, comme on dit aussi, l'« effet que cela fait », d'avoir, par exemple, une douleur dans le pied. Mais il faut remarquer que, chez Descartes, il est difficile de trouver une place pour ce genre de chose, même dans le cas de l'être humain, puisqu'il n'y a rien qui puisse se situer entre ce qui est un mode de la pensée et ce qui est un simple mode de l'étendue et rien qui soit de nature mentale et qui ait des propriétés mentales en dehors de l'âme rationnelle. Comme dirait Valéry, « que l'ombre illustre n'en soit pas irritée ! » Mais je crois que, si le mot « voir » a un sens propre, il est, en fait, aussi éloigné de ce que Descartes appelle son sens propre, qui est celui de sentir ou penser que l'on voit, que du sens impropre auquel on peut dire des animaux eux-mêmes qu'ils voient. Je pense, par conséquent, que les animaux et nous voient dans un sens qui est loin d'être aussi différent qu'il le suggère. Ce qu'on appelle « voir » et, de façon générale, « percevoir » exige à la fois nettement plus que ce qu'il est prêt à accorder aux animaux et nettement moins que ce qu'il juge nécessaire d'accorder aux êtres humains. Mais il n'y a justement pas de place dans son système pour une telle façon de concevoir la perception, qui n'accepte de la traiter ni comme un jugement de l'âme rationnelle ni comme un processus qui relève de la pure mécanique. On a l'habitude d'opposer une position qualifiée de « cartésienne » au behaviorisme radical, qui, pour dire les choses de façon schématique, propose de substituer à la douleur elle-même ses expressions corporelles et comportementales. Mais Descartes, pour qui le sentiment de la douleur proprement dit est le résultat d'une opération intellectuelle effectuée par l'âme à l'occasion d'une affection qu'elle subit directement de la part du corps, n'est pas forcément mieux placé que le behavioriste pour défendre ce que l'on a tendance à considérer comme étant la douleur elle-même. On peut penser que celle-ci n'est en fait pas plus réductible au jugement de l'âme que Descartes voit en elle qu'elle ne l'est à ses expressions externes.

8. LA « MÉCANIQUE CÉRÉBRALE » ET L'ÂME

Trois ans après la date de la conférence de Helmholtz que j'ai citée tout à l'heure, en 1872, l'Académie des Sciences de Paris s'est vu proposer un manuscrit intitulé « Théorie mécanique de la pensée, de la perception et de la réaction » et qui a été publié ensuite sous le titre « Principe de mécanique cérébrale », dans lequel était formulé le programme de recherche suivant :

« Renoncer à l'observation directe de la structure des appareils de perception, de pensée et de réaction, et construire *a priori* les dispositifs qui réalisent ces fonctions prises pour uniques données. La comparaison ultérieure des appareils imaginés avec ce qui peut être vu des appareils, confirmera ou infirmera les résultats de cette méthode, aux yeux de ceux qui n'auront pas encore suivi mes déductions, mes discussions démonstratives, ni mes généralisations à tous les cas possibles.

On m'a traité de téméraire, d'illuminé, de matérialiste. Je ne puis que charger, dans l'avenir, les savants de me juger, en me bornant à réclamer aujourd'hui le droit de libre recherche. »[13]

J'ai cité ce texte, parce qu'il n'est pas, comme on pourrait le croire, d'un scientifique matérialiste étranger aux choses de l'esprit, mais de quelqu'un qui est probablement plus connu encore aujourd'hui comme poète que pour les contributions qu'il a apportées à la science et à la technique, à savoir Charles Cros. Si l'auteur n'avait pas inclus la pensée elle-même dans son projet, on pourrait dire qu'il fournit une assez bonne description de ce que Descartes lui-même avait cherché à faire dans le *Traité de l'homme*. Descartes peut être considéré comme étant directement à l'origine aussi bien des programmes comme celui que je viens de mentionner que des réactions qui valent à ceux qui les proposent d'être traités de téméraires, d'illuminés et de matérialistes. On comprend aisément pourquoi, si les scientifiques et les philosophes l'admirent pareillement, ils ne le font généralement pas pour les mêmes raisons et le font même souvent pour des raisons qui sont presque complètement opposées. Les scientifiques lui sont reconnaissants d'avoir étendu le domaine de ce qui peut être traité et expliqué de façon mécanique et, plus généralement, scientifique d'une façon qui ne s'est arrêtée au seuil de la pensée que pour des raisons qu'ils considèrent comme étant essentiellement de nature théologique. Beaucoup de philosophes contemporains l'admirent, au contraire, essentiellement pour avoir réussi à soustraire définitivement la pensée à l'emprise de l'explication matérialiste et mécaniste, de façon générale sans indiquer clairement s'ils sont disposés à payer pour cela le même prix que lui, à savoir celui du dualisme et du sacrifice qu'il impose de façon définitive à l'intellect scientifique, dans notre sens, et ne rend supportable que grâce à l'idée de ce qu'on pourrait appeler une incompréhensibilité rationnelle et rationnellement justifiée. Ce n'est pas simplement, comme diraient certains, le fantôme de Descartes, mais bel et bien Descartes lui-même, qui est encore aujourd'hui au centre de la plupart des controverses concernant les relations de l'esprit avec le corps et avec la matière en général. En 1941, Valéry faisait la constatation suivante : «Quant aux relations de l'organisme avec les «faits de conscience» ou la sensibilité subjective, rien de nouveau, depuis 1650.» (*Une vue de Descartes*, p. 833) On peut penser qu'il y avait déjà eu avant le moment où il écrivait cette phrase et qu'il y a eu encore plus après une profusion de nouveautés sur ce point. Mais il se pourrait bien que nous soyons encore à la recherche de la nouveauté décisive, susceptible de nous rapprocher nettement plus de la solution, s'il y en a une, que ne l'était Descartes.

Pour terminer par une remarque un peu amusante, les biographes de Descartes rapportent qu'il avait lui-même un chien, qu'il appelait pompeusement «Monsieur Grat». On peut donc penser qu'il était comme nous tous, convaincu que le comportement d'un animal peut ressembler bien davantage à celui d'une personne humaine que celui d'un mécanisme quelconque, en tout cas, des mécanismes que nous sommes capables de construire, aussi étonnants qu'ils puissent être. Il n'aurait probablement pas eu l'idée d'appeler «Madame Une telle» son horloge, même s'il pensait que les animaux ne sont rien de plus que des horloges qui sont simplement beaucoup plus compliquées que les horloges ordinaires. Mais, pour lui, aussi importante que soit la différence, elle n'est, justement, qu'une simple différence de complexité, qui est susceptible de nous faire croire à une différence d'une autre sorte, beaucoup plus importante, mais en réalité tout à fait illusoire.

NOTES

* Ce texte constitue une version beaucoup plus développée de l'exposé qui a été donné sous le même titre le 10 décembre 1996 à l'université René Descartes pour la célébration du quatrième centenaire de la naissance de Descartes. J'ai utilisé pour la version finale des matériaux empruntés à deux autres conférences qui ont été faites au cours de la même année en hommage à Descartes, «Descartes, les animaux et nous» (Sorbonne, 29 mars 1996) et «Descartes, les animaux et les machines» (France-Forum 25, Besançon, 18 novembre 1996).

[1] Montaigne, «Apologie de Raymond Sebond», in *Essais*, texte établi et annoté par Albert Thibaudet, Bibliothèque de la Pléiade, Gallimard, Paris, 1950, p. 507.

[2] D'après Montaigne, le renard doit effectuer une déduction du genre suivant : «Ce qui fait bruit, se remue ; ce qui se remue, n'est pas gelé ; ce qui n'est pas gelé est liquide, et ce qui est liquide, plie soubs le faix.» (*ibid.*)

[3] «Lettre au Marquis de Newcastle» (23 novembre 1646), in *Œuvres de Descartes*, publiées par Charles Adam et Paul Tannery, Vrin, Paris, 1996, tome IV, p. 575. Cette édition sera citée désormais AT, suivi du numéro du tome et de la page. Pour l'édition de la Pléiade (Descartes, *Œuvres et Lettres*, textes présentés par André Bridoux, Gallimard, Paris, 1953), j'utiliserai la lettre P, suivie du numéro de la page.

[4] René Descartes et Martin Schoock, *La querelle d'Utrecht*, textes établis et annotés par Théo Verbeek, préface de Jean-Luc Marion, Les impressions nouvelles, Paris, 1988, p. 247-248.

[5] Hermann von Helmholtz, «Über die Wechselwirkung der Naturkräfte und die darauf bezüglichen neueren Ermittelungen der Physik» (1854), in *Populäre wissenschaftliche Vorträge*, 2. Heft, Friedrich Vieweg und Sohn, Braunschweig, 1871, p. 102-103.

[6] Warren S. McCulloch, «A Historical Introduction to the Postulational Foundations of Experimental Epistemology», in *Embodiments of Mind*, The MIT Press, Cambridge, Mass., 1965, p. 363.

[7] Je me réfère ici à l'article classique d'Anatol Rapoport, «Technological Models of the Nervous System», in Kenneth M. Sayre and Frederick J. Crosson (eds), *The Modeling of Mind*, Computers and Intelligence, Simon and Schuster, New York, 1963, p. 25-39.

[8] Martial Gueroult, *Descartes selon l'ordre des raisons*, Aubier-Montaigne, Paris, 1968, tome I, p. 150.

[9] Antoine Arnauld, *Des vrayes et des fausses idées*, Corpus des Œuvres de philosophie en langue française, Fayard, 1986, p. 211.

[10] Paul Valéry, «Une vue de Descartes», in *Œuvres*, I, édition établie et annotée par Jean Hytier, Bibliothèque de la Pléiade, Gallimard, Paris, 1957, p. 835.

[11] «Über das Ziel und die Fortschritte der Naturwissenschaft» (1869), in *Populäre wissenschaftliche Vorträge*, 2, Heft, p. 209.

[12] Karl R. Popper, John C. Eccles, *The Self and Its Brain*, An Argument for Interactionism, Springer International, Berlin-Heidelberg-London-New York, 1977, p. 440.

[13] Charles Cros, «Principes de mécanique cérébrale», in *Œuvres complètes de Charles Cros*, Club des Libraires de France, J.J. Pauvert, 1964, p. 479.

Table des matières

Préface 5

Introduction 11

Chapitre 1
Descartes à la recherche de la vérité 17

Chapitre 2
Descartes, Harvey
et la tradition médicale 29

Chapitre 3
La révolution cartésienne
en géométrie 47

Chapitre 4
L'esprit, le cerveau et le corps. Descartes face aux sciences cognitives .. 63

Chapitre 5
La mécanique, la physiologie et l'âme 83

CHEZ LE MÊME ÉDITEUR

PSYCHOLOGIE ET SCIENCES HUMAINES
collection publiée sous la direction de MARC RICHELLE

1 Dr Paul Chauchard : LA MAITRISE DE SOI. *9ᵉ éd.*
7 Paul-A. Osterrieth : FAIRE DES ADULTES. *16ᵉ éd.*
9 Daniel Widlöcher : L'INTERPRETATION DES DESSINS D'ENFANTS. *13ᵉ éd.*
11 Berthe Reymond-Rivier : LE DEVELOPPEMENT SOCIAL DE L'ENFANT ET DE L'ADOLESCENT. *13ᵉ éd.*
22 H.T. Klinkhamer-Steketée : PSYCHOTHERAPIE PAR LE JEU. *4ᵉ éd.*
24 Marc Richelle : POURQUOI LES PSYCHOLOGUES? *6ᵉ éd.*
25 Lucien Israel : LE MEDECIN FACE AU MALADE. *5ᵉ éd.*
26 Francine Robaye-Geelen : L'ENFANT AU CERVEAU BLESSE. *2ᵉ éd.*
27 B.F. Skinner : LA REVOLUTION SCIENTIFIQUE DE L'ENSEIGNEMENT. *3ᵉ éd.*
29 J.C. Ruwet : ETHOLOGIE : BIOLOGIE DU COMPORTEMENT. *3ᵉ éd.*
38 B.-F. Skinner : L'ANALYSE EXPERIMENTALE DU COMPORTEMENT. *2ᵉ éd.*
40 R. Droz et M. Rahmy : LIRE PIAGET. *7ᵉ éd.*
42 Denis Szabo, Denis Gagné, Alice Parizeau : L'ADOLESCENT ET LA SOCIETE. *2ᵉ éd.*
43 Pierre Oléron : LANGAGE ET DEVELOPPEMENT MENTAL. *2ᵉ éd.*
45 Gertrud L. Wyatt : LA RELATION MERE-ENFANT ET L'ACQUISITION DU LANGAGE. *2ᵉ éd.*
49 T. Ayllon et N. Azrin : TRAITEMENT COMPORTEMENTAL EN INSTITUTION PSYCHIATRIQUE
52 G. Kellens : BANQUEROUTE ET BANQUEROUTIERS
55 Alain Lieury : LA MEMOIRE
58 Jean-Marie Paisse : L'UNIVERS SYMBOLIQUE DE L'ENFANT ARRIERE MENTAL
59 Jacques Van Rillaer : L'AGRESSIVITE HUMAINE
61 Jérôme Kagan : COMPRENDRE L'ENFANT
62 Michel S. Gazzaniga : LE CERVEAU DEDOUBLE
64 X. Seron, J.L. Lambert, M. Van der Linden : LA MODIFICATION DU COMPORTEMENT
65 W. Huber : INTRODUCTION A LA PSYCHOLOGIE DE LA PERSONNALITE. *7ᵉ éd.*
66 Emile Meurice : PSYCHIATRIE ET VIE SOCIALE
67 J. Château, H. Gratiot-Alphandéry, R. Doron et P. Cazayus : LES GRANDES PSYCHOLOGIES MODERNES
68 P. Sifnéos : PSYCHOTHERAPIE BREVE ET CRISE EMOTIONNELLE
69 Marc Richelle : B.F. SKINNER OU LE PERIL BEHAVIORISTE
70 J.P. Bronckart : THEORIES DU LANGAGE
71 Anika Lemaire : JACQUES LACAN. *8ᵉ éd. revue et augmentée.*
72 J.L. Lambert : INTRODUCTION A L'ARRIERATION MENTALE
73 T.G.R. Bower : DEVELOPPEMENT PSYCHOLOGIQUE DE LA PREMIERE ENFANCE. *4ᵉ éd.*
74 J. Rondal : LANGAGE ET EDUCATION
75 Sheila Kitzinger : PREPARER A L'ACCOUCHEMENT
76 Ovide Fontaine : INTRODUCTION AUX THERAPIES COMPORTEMENTALES
77 Jacques-Philippe Leyens : PSYCHOLOGIE SOCIALE. *nouvelle édition 1997*
78 Jean Rondal : VOTRE ENFANT APPREND A PARLER *3ᵉ éd.*
79 Michel Legrand : LE TEST DE SZONDI
80 H.J. Eysenck : LA NEVROSE ET VOUS
81 Albert Demaret : ETHOLOGIE ET PSYCHIATRIE
82 Jean-Luc Lambert et Jean A. Rondal : LE MONGOLISME. *4ᵉ éd.*
83 Albert Bandura : L'APPRENTISSAGE SOCIAL
84 Xavier Seron : APHASIE ET NEUROPSYCHOLOGIE
85 Roger Rondeau : LES GROUPES EN CRISE?

86 J. Danset-Léger : L'ENFANT ET LES IMAGES DE LA LITTERATURE ENFANTINE
 87 Herbert S. Terrace : NIM. UN CHIMPANZE QUI A APPRIS LE LANGAGE GESTUEL
 88 Roger Gilbert : BON POUR ENSEIGNER?
 89 Wing, Cooper et Sartorius : GUIDE POUR UN EXAMEN PSYCHIATRIQUE
 90 Jean Costermans : PSYCHOLOGIE DU LANGAGE
 91 Françoise Macar : LE TEMPS, PERSPECTIVES PSYCHOPHYSIOLOGIQUES
 92 Jacques Van Rillaer : LES ILLUSIONS DE LA PSYCHANALYSE. 4e éd.
 93 Alain Lieury : LES PROCEDES MNEMOTECHNIQUES
 94 Georges Thinès : PHENOMENOLOGIE ET SCIENCE DU COMPORTEMENT
 95 Rudolph Schaffer : COMPORTEMENT MATERNEL
 96 Daniel Stern : MERE ET ENFANT, LES PREMIERES RELATIONS. 3e éd.
 97 R. Kempe & C. Kempe : L'ENFANCE TORTUREE
 98 Jean-Luc Lambert : ENSEIGNEMENT SPECIAL ET HANDICAP MENTAL
 99 Jean Morval : INTRODUCTION A LA PSYCHOLOGIE DE L'ENVIRONNEMENT
100 Pierre Oleron et al. : SAVOIRS ET SAVOIR-FAIRE PSYCHOLOGIQUES CHEZ L'ENFANT
101 Bernard I. Murstein : STYLES DE VIE INTIME
102 Rondal/Lambert/Chipman : PSYCHOLINGUISTIQUE ET HANDICAP MENTAL
103 Brédart/Rondal : L'ANALYSE DU LANGAGE CHEZ L'ENFANT. 2e éd.
104 David Malan : PSYCHODYNAMIQUE ET PSYCHOTHERAPIE INDIVIDUELLE
105 Philippe Muller : WAGNER PAR SES REVES
106 John Eccles : LE MYSTERE HUMAIN
107 Xavier Seron : REEDUQUER LE CERVEAU
108 Moreau/Richelle : L'ACQUISITION DU LANGAGE. 5e éd.
109 Georges Nizard : ANALYSE TRANSACTIONNELLE ET SOIN INFIRMIER
110 Howard Gardner : GRIBOUILLAGES ET DESSINS D'ENFANTS, LEUR SIGNIFICATION. 3e éd.
111 Wilson/Otto : LA FEMME MODERNE ET L'ALCOOL
112 Edwards : DESSINER GRACE AU CERVEAU DROIT. 9e éd.
113 Rondal : L'INTERACTION ADULTE-ENFANT
114 Blancheteau : L'APPRENTISSAGE CHEZ L'ANIMAL
115 Boutin : FORMATION ET DEVELOPPEMENTS
116 Húsen : L'ECOLE EN QUESTION
117 Ferrero/Besse : L'ENFANT ET SES COMPLEXES
118 R. Bruyer : LE VISAGE ET L'EXPRESSION FACIALE
119 J.P. Leyens : SOMMES-NOUS TOUS DES PSYCHOLOGUES?
120 J. Château : L'INTELLIGENCE OU LES INTELLIGENCES?
121 M. Claes : L'EXPERIENCE ADOLESCENTE
122 J. Hayes et P. Nutman : COMPRENDRE LES CHOMEURS
123 S. Sturdivant : LES FEMMES ET LA PSYCHOTHERAPIE
124 A. Pomerleau et G. Malcuit : L'ENFANT ET SON ENVIRONNEMENT
125 A. Van Hout et X. Seron : L'APHASIE DE L'ENFANT
126 A. Vergote : RELIGION, FOI, INCROYANCE
127 Sivadon/Fernandez-Zoïla : TEMPS DE TRAVAIL, TEMPS DE VIVRE
128 Born : JEUNES DEVIANTS OU DELINQUANTS JUVENILES?
129 Hamers/Blanc : BILINGUALITE ET BILINGUISME
130 Legrand : PSYCHANALYSE, SCIENCE, SOCIETE
131 Le Camus : PRATIQUES PSYCHOMOTRICES
132 Lars Fredén : ASPECTS PSYCHOSOCIAUX DE LA DEPRESSION
133 Mount : LA FAMILLE SUBVERSIVE
134 Magerotte : MANUEL D'EDUCATION COMPORTEMENTALE CLINIQUE
135 Dailly/Moscato : LATERALISATION ET LATERALITE CHEZ L'ENFANT
136 Bonnet/Tamine-Gardes : QUAND L'ENFANT PARLE DU LANGAGE
137 Bruyer : LES SCIENCES HUMAINES ET LES DROITS DE L'HOMME
138 Taulelle : L'ENFANT A LA RENCONTRE DU LANGAGE

139 de Boucaud : PSYCHOLOGIE DE L'ENFANT ASTHMATIQUE
140 Duruz : NARCISSE EN QUETE DE SOI
141 Feyereisen/de Lannoy : PSYCHOLOGIE DU GESTE
142 Florin *et al.* : LE LANGAGE A L'ECOLE MATERNELLE
143 Debuyst : MODELE ETHOLOGIQUE ET CRIMINOLOGIE
144 Ashton/Stepney : FUMER
145 Winkel *et al.* : L'IMAGE DE LA FEMME DANS LES LIVRES SCOLAIRES
146 Bideau/Richelle : PSYCHOLOGIE DEVELOPPEMENTALE
147 Schmid-Kitsikis : THEORIE CLINIQUE ET FONCTIONNEMENT MENTAL
148 Guggenbühl/Craig : POUVOIR ET RELATION D'AIDE
149 Rondal : LANGAGE ET COMMUNICATION CHEZ LES HANDICAPES MENTAUX
150 Moscato *et al.* : FONCTIONNEMENT COGNITIF ET INDIVIDUALITE
151 Château : L'HUMANISATION OU LES PREMIERS PAS DES VALEURS HUMAINES
152 Avery/Litwack : NEE TROP TOT
153 Rondal : LE DEVELOPPEMENT DU LANGAGE CHEZ L'ENFANT TRISOMIQUE 21
154 Kellens : QU'AS-TU FAIT DE TON FRERE?
155 Rondal/Henrot : LE LANGAGE DES SIGNES. 2e *éd.*
156 Lafontaine : LE PARTI PRIS DES MOTS
157 Bonnet/Hoc/Tiberghien : AUTOMATIQUE, INTELLIGENCE ARTIFICIELLE ET PSYCHOLOGIE
158 Giovannini *et al.* : PSYCHOLOGIE ET SANTE
159 Wilmotte *et al.* : LE SUICIDE
160 Giurgea : L'HERITAGE DE PAVLOV
161 Ionescu : MANUEL D'INTERVENTION EN DEFICIENCE MENTALE N° 1
162 Ionescu : MANUEL D'INTERVENTION EN DEFICIENCE MENTALE N° 2
163 Pieraut-Le Bonniec : CONNAITRE ET LE DIRE
164 Huber : PSYCHOLOGIE CLINIQUE AUJOURD'HUI
165 Rondal *et al.* : PROBLEMES DE PSYCHOLINGUISTIQUE
166 Slukin : LE LIEN MATERNEL
167 Baudour : L'AMOUR CONDAMNE
168 Wilwerth : VISAGES DE LA LITTERATURE FEMININE
169 Edwards : VISION, DESSIN, CREATIVITE. 3e *éd.*
170 Lutte : LIBERER L'ADOLESCENCE
171 Defays : L'ESPRIT EN FRICHE
172 Broome Walace : PSYCHOLOGIE ET PROBLEMES GYNECOLOGIQUES
173 Aimard : LES BEBES DE L'HUMOUR
174 Perruchet : LES AUTOMATISMES COGNITIFS
175 Bawin-Legros : FAMILLES, MARIAGE, DIVORCE
176 Pourtois/Desmet : EPISTEMOLOGIE ET INSTRUMENTATION EN SCIENCES HUMAINES. 2e *éd.*
177 Sloboda : L'ESPRIT MUSICIEN
178 Fraisse : POUR LA PSYCHOLOGIE SCIENTIFIQUE
179 Ruffiot : PSYCHOLOGIE DU SIDA
180 McAdams/Deliège : LA MUSIQUE ET LES SCIENCES COGNITIVES
181 Argentin : QUAND FAIRE C'EST DIRE...
182 Van der Linden : LES TROUBLES DE LA MEMOIRE
183 Lecuyer : BEBES ASTRONOMES, BEBES PSYCHOLOGUES : L'INTELLIGENCE DE LA 1re ANNEE
184 Immelmann : DICTIONNAIRE DE L'ETHOLOGIE
185 Collectif : ACTEUR SOCIAL ET DELINQUANCE
186 Fontana : GERER LE STRESS
187 Bouchard : DE LA PHENOMENOLOGIE A LA PSYCHANALYSE
188 Chanceaulme : MOURIR, ULTIME TENDRESSE
189 Rivière : LA PSYCHOLOGIE DE VYGOTSKY
190 Lecoq : APPRENTISSAGE DE LA LECTURE ET DYSLEXIE

191 de Montmolin/Amalberti/Theureau : MODELES DE L'ANALYSE DU TRAVAIL
192 Minary : MODELES SYSTEMIQUES ET PSYCHOLOGIE
193 Grégoire : EVALUER L'INTELLIGENCE DE L'ENFANT
194 Gommers/van den Bosch/de Aguilar : POUR UNE VIEILLESSE AUTONOME
195 Van Rillaer : LA GESTION DE SOI
196 Lecas : L'ATTENTION VISUELLE
197 Macquet : TOXICOMANIES ET FORMES DE LA VIE QUOTIDIENNE
198 Giurgea : LE VIEILLISSEMENT CEREBRAL
199 Pillon : LA MEMOIRE DES MOTS
200 Pouthas/Jouen : LES COMPORTEMENTS DU BEBE : EXPRESSION DE SON SAVOIR ?
201 Montangero/Maurice-Naville : PIAGET OU L'INTELLIGENCE EN MARCHE
202 Colin A. Epsie : LE TRAITEMENT PSYCHOLOGIQUE DE L'INSOMNIE
203 Samalin-Amboise : VIVRE A DEUX
204 Bourhis/Leyens : STEREOTYPES, DISCRIMINATION ET RELATIONS INTERGROUPES
205 Feltz/Lambert : ENTRE LE CORPS ET L'ESPRIT
206 Francès : MOTIVATION ET EFFICIENCE AU TRAVAIL
207 Houziaux : EDUCATION DU PATIENT ET ORDINATEUR
208 Roques : SORTIR DU CHOMAGE
209 Bléandonu : L'ANALYSE DES REVES ET LE REGARD MENTAL
210 Born/Delville/Mercier/Snad/Beeckmans : LES ABUS SEXUELS D'ENFANTS
211 Siguan : L'EUROPE DES LANGUES
212 de Bonis : CONNAITRE LES EMOTIONS HUMAINES
213 Retschitzki/Gurtner : L'ENFANT ET L'ORDINATEUR
214 Leyens/Yzerbyt/Schadron : STEREOTYPES ET COGNITION SOCIALE
215 Tiberghien : LA MEMOIRE OUBLIEE
216 Wynants : L'ORTHOGRAPHE, UNE NORME SOCIALE
217 Rondal : L'EVALUATION DU LANGAGE
218 Moreau : SOCIOLINGUISTIQUE, CONCEPTS DE BASE
219 Rouquette : LA CHASSE À L'IMMIGRÉ
220 Grubar/Duyme/Cote et al. : LA PRÉCOCITÉ INTELLECTUELLE DE LA MYTHOLOGIE À LA GÉNÉTIQUE
221 Pomini et al. : THÉRAPIE PSYCHOLOGIQUE DES SCHIZOPHRÉNIES
222 Houdé et al. : DESCARTES ET SON ŒUVRE AUJOURD'HUI

Manuels et Traités

Droz-Richelle : MANUEL DE PSYCHOLOGIE. 5ᵉ éd.
Hurtig-Rondal : MANUEL DE PSYCHOLOGIE DE L'ENFANT (Tome 1). 5ᵉ éd.
Hurtig-Rondal : MANUEL DE PSYCHOLOGIE DE L'ENFANT (Tome 2). 4ᵉ éd.
Hurtig-Rondal : MANUEL DE PSYCHOLOGIE DE L'ENFANT (Tome 3). 4ᵉ éd.
Rondal-Seron : LES TROUBLES DU LANGAGE (DIAGNOSTIC ET REEDUCATION). 2ᵉ éd.
Fontaine/Cottraux/Ladouceur : CLINIQUES DE THERAPIE COMPORTEMENTALE. 2ᵉ éd.
Godefroid : LES CHEMINS DE LA PSYCHOLOGIE. 2ᵉ éd.
Seron-Jeannerod : NEUROPSYCHOLOGIE HUMAINE